2018

Le Cahier de Vacances pour entrer en IFSI

Testez-vous !

Katarzyna FOSSATI
Julien FOSSATI

Bréal

TEST

ÊTES-VOUS **FAIT** POUR LES MÉTIERS DU PARAMÉDICAL ?

1. Vous croisez une personne handicapée dans la rue :
- ☐ a. Vous vous demandez si vous pouvez l'aider (3)
- ☐ b. Vous la plaignez (1)
- ☐ c. Vous détournez le regard et essayez de ne pas la gêner (0)

2. Votre petit frère/votre petite sœur tombe de son vélo :
- ☐ a. Vous appelez le médecin (1)
- ☐ b. Vous l'aidez à remonter sur son vélo (0)
- ☐ c. Vous courez l'aider (3)

3. Vous préférez :
- ☐ a. Rassurer les gens (1)
- ☐ b. Soigner les gens (3)
- ☐ c. Écouter les gens (2)
- ☐ d. Convaincre les gens (0)

4. Une de vos grandes qualités est :
- ☐ a. La patience (3)
- ☐ b. Le sens de l'écoute (3)
- ☐ c. Le charisme (0)
- ☐ d. La créativité (0)

5. L'idée de travailler en contact physique avec des personnes :
- ☐ a. Cela ne vous dérange pas (3)
- ☐ b. Vous pensez pouvoir y habituer (1)
- ☐ c. Cela vous dérange (0)

6. Plus tard, vous préféreriez avoir un travail… :
- ☐ a. Qui vous permet d'être créatif (1)
- ☐ b. Qui vous permet de diriger des équipes (0)
- ☐ c. Qui vous permet d'obtenir des résultats concrets et observables (3)

7. Comprendre comment le corps humain fonctionne :
- ☐ a. Cela vous intéresse un peu (1)
- ☐ b. Cela vous intéresse beaucoup (3)
- ☐ c. Cela ne vous intéresse pas trop (0)

8. On dit de vous que vous êtes quelqu'un de :
- ☐ a. Observateur (2)
- ☐ b. Attentionné (3)
- ☐ c. Original (0)

9. L'important dans un groupe, pour vous, c'est :
- ☐ a. Que tout le monde ait une chance de s'exprimer (3)
- ☐ b. Que les relations entre les gens soient harmonieuses (2)
- ☐ c. Que tout le monde partage le même point de vue (0)

10. Dans votre vie, vous aimeriez …
- ☐ a. Aider des gens à se sentir bien (3)
- ☐ b. Divertir des gens (1)
- ☐ c. Inspirer des gens (0)

11. Vous êtes plutôt du genre à :
- ☐ a. Réfléchir puis agir (3)
- ☐ b. Agir, puis réfléchir dans le feu de l'action (0)
- ☐ c. Agir si vous êtes familier avec ce type de situation (3)
- ☐ d. Agir si vous vous sentez inspiré (0)

12. Vous préférez …
- ☐ a. Réfléchir à un problème (2)
- ☐ b. Débattre avec des amis (0)

13. Vous préférez…
- ☐ a. Observer des résultats concrets suite à votre travail (3)
- ☐ b. Lancer des initiatives (0)

14. **Vous êtes quelqu'un de plutôt :**
- [ ] a. Compétitif (0)
- [ ] b. Aventureux (1)
- [ ] c. Curieux (3)

15. **Vous êtes quelqu'un de plutôt :**
- [ ] a. Libre (0)
- [ ] b. Autonome (3)

16. **Lequel de ces loisirs vous correspond le plus ?**
- [ ] a. Vous renseigner sur les nouvelles découvertes scientifiques (3)
- [ ] b. Collectionner des objets (1)
- [ ] c. Dessiner (0)

17. **Vous préférez passer du temps à :**
- [ ] a. Assister à des concerts (0)
- [ ] b. Parler avec vos amis (3)
- [ ] c. Rencontrer de nouvelles personnes (1)

18. **Plus tard, vous vous imaginez passer votre temps au travail à :**
- [ ] a. Accompagner des personnes dans des situations difficiles (3)
- [ ] b. Inspirer des personnes (0)

19. **Plus tard, vous vous imaginez passer votre temps au travail à :**
- [ ] a. Créer de belles choses (0)
- [ ] b. Organiser le travail autour de vous (1)
- [ ] c. Résoudre vous-même des problèmes concrets (3)

Résultats

Entre 0 et 20 point(s)

Peut-être devriez-vous chercher du côté d'autres secteurs d'activités...

D'après vos réponses et en théorie, les métiers du paramédical ne semblent pas vous correspondre plus que cela. Mais est-ce par réel désintérêt ou par simple manque d'informations ? Vous renseigner sur ces métiers vous permettra peut-être d'avoir les idées claires. Ou d'être définitivement sûr qu'ils ne vous conviennent pas. Car en effet, les métiers du paramédical sont très spéciaux : être au contact souvent physique des patients, côtoyer la douleur... tout le monde n'est pas prêt à le faire.

Entre 21 et 39 points

Aider son prochain oui mais comment ?

D'après vos réponses, vous avez sans aucun doute un certain intérêt pour les métiers du paramédical. Mais pour quelle spécialité, vous ne le savez pas encore vraiment. Pourquoi ne pas pousser les recherches et découvrir un peu plus en détail ces métiers ? Psychomotricien, orthophoniste, podologue... les possibilités sont diverses et variées ! N'hésitez également pas à rencontrer des personnes qui en ont fait leur métier, et les questionner sur leur quotidien.

Plus de 39 points

Une vocation à réaliser

D'après vos réponses, vous semblez avoir les qualités et la motivation nécessaires pour exercer un métier dans le paramédical. Les voies sont multiples, certaines plus pratiques, d'autres plus sociales. Une fois votre projet professionnel bien défini, vous n'aurez plus qu'à choisir la formation adaptée. N'hésitez donc pas à vous renseigner plus en détail sur ces métiers, sur le quotidien des gens qui les exercent, et sur les moyens d'accéder à un emploi dans ce secteur ! Cela vous permettra également de voir si la réalité ne vous rebute pas et que vous parvenez à vous imaginer en train d'exercer à votre tour.

Mieux connaître les épreuves du Concours IFSI pour mieux les préparer et les réussir

Les épreuves écrites des concours d'entrée en IFSI sont sélectives : elles sont faites et corrigées de manière à ne retenir que les candidats aux réponses les plus affutées. Il convient donc de s'entraîner, non pas seulement pour obtenir de bonnes notes mais surtout pour être le meilleur, figurer en haut des classements.

En culture sanitaire et sociale, la différence se fait notamment sur la pertinence des réponses, l'argumentation et les connaissances exposées. Il est nécessaire de s'intéresser à l'actualité et de restituer des exemples clairs et factuels.
En tests psychotechniques ce sont la compréhension et la rapidité qui permettront de se démarquer : il faut donc maîtriser parfaitement les règles de calcul et les théorèmes de base tout en étant rompu aux techniques d'observation et de déduction logique.

Rien ne vaut donc l'entraînement, encore et toujours, pour être prêt le jour J. Et quoi de mieux que de faire de l'entraînement un amusement ? Les recherches en neurosciences ont prouvé que la répétition et le jeu constituent la clé de l'apprentissage.

Travailler de manière ludique, voici ce que propose ce cahier d'exercices : faites des révisions des épreuves écrites un divertissement et regardez les concours comme un challenge à relever. Tout devient plus simple dans la joie et la bonne humeur !

Alors à vos cahiers et crayons, prêts, composez !

Sommaire

Culture sociale et sanitaire

Tests psychotechniques

Corrigés

Culture sociale et sanitaire

L'éthique dans la recherche et les pratiques médicales

LA BIOÉTHIQUE

Humainement correct

Complétez le texte à l'aide des propositions suivantes :

société • abus • science • greffe totale • médecine • mœurs • génétique • biologique • d'entraver • mourir • moraux • psychologique • l'espérance de vie • dérives • bioéthique • France • garantie • morale de la vie

Définition de la bioéthique

Littéralement, la « bio – éthique » est la ...., l'éthique relevant de « ce qui est bon et utile pour l'homme ». Concrètement la bioéthique est aujourd'hui considérée comme une .... dont l'objectif est d'étudier les problèmes .... induits par les progrès de la .... Or qui dit morale, dit étude de .... , de ce qui est bien et de ce qui est mal. En effet, qu'il s'agisse de recherches médicales, dans le domaine .... ou ...., ou des évolutions de la .... quant au regard porté sur les mères porteuses par exemple, des questions d'ordre moral se posent, toujours plus nombreuses. Les rapides progrès médicaux de ces dernières années ou encore l'allongement de .... sont des avancées certes réjouissantes, mais qui ne sont pas sans poser plusieurs problèmes : peut-on, d'un point de vue éthique, aider à .... une personne en fin de vie qui le désire ? N'encoure-t-on pas certains risques à vouloir créer des fruits et des légumes plus résistants à certains insectes ? Une .... de visage est-elle sans conséquence, sur le plan ...., pour la famille du donneur et pour le receveur lui même ?

Autant de .... qu'il est possible d'imaginer et que la législation se doit d'encadrer grâce à la .... C'est donc cette science qui apporte les analyses et les réflexions qui permettront au législateur d'anticiper les .... et de répondre de la façon la plus actualisée possible aux progrès de la ....

À noter que la .... est le seul pays à s'être doté d'un tel mécanisme de réflexion en matière de bioéthique. Certains l'accusent .... les espoirs des familles en matière de recherche pour sauver l'un de leurs proche par exemple, pour d'autres elle est une .... pour ne pas tomber dans de profondes dérives.

Meilleur que le Larousse ?

Savez-vous **définir** les notions suivantes :

CCNE

....

Rapport Leonetti

....

LE CLONAGE

QCM

1. Étymologiquement, que veut dire le mot clone ?

- ☐ **a.** Jeune pousse
- ☐ **b.** Duplicata
- ☐ **c.** Pareil
- ☐ **d.** Différent

2. Le clonage humain à des fins de reproduction en France est :

- ☐ **a.** Interdit
- ☐ **b.** Toléré avec quelques restrictions
- ☐ **c.** Autorisé
- ☐ **d.** En cours d'autorisation

3. Quel a été le premier mammifère « célèbre » issu du clonage ?

- ☐ **a.** La chienne Petra
- ☐ **b.** La vache Holly
- ☐ **c.** La chèvre Inra
- ☐ **d.** La brebis Dolly

Rien ne se perd...

Complétez le schéma suivant avec les mots égarés dans le laboratoire.

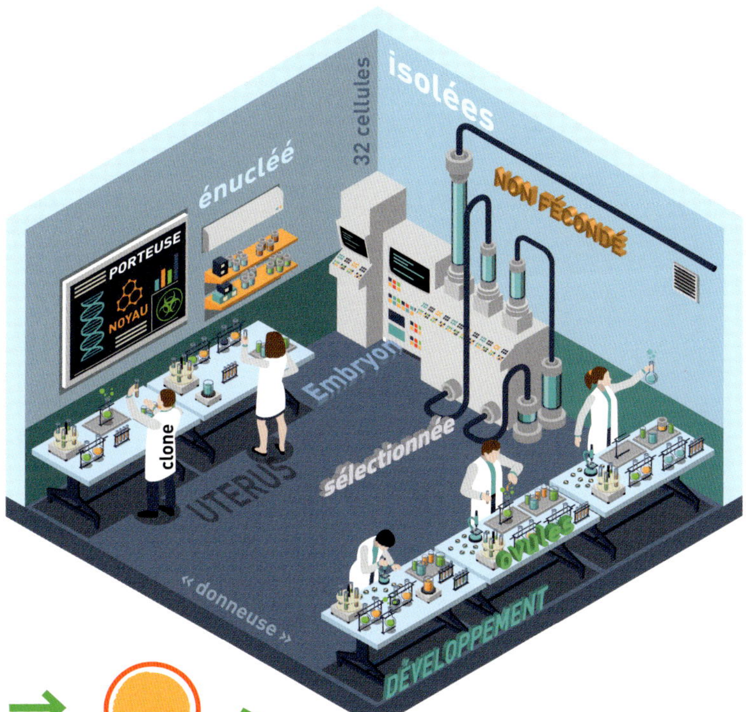

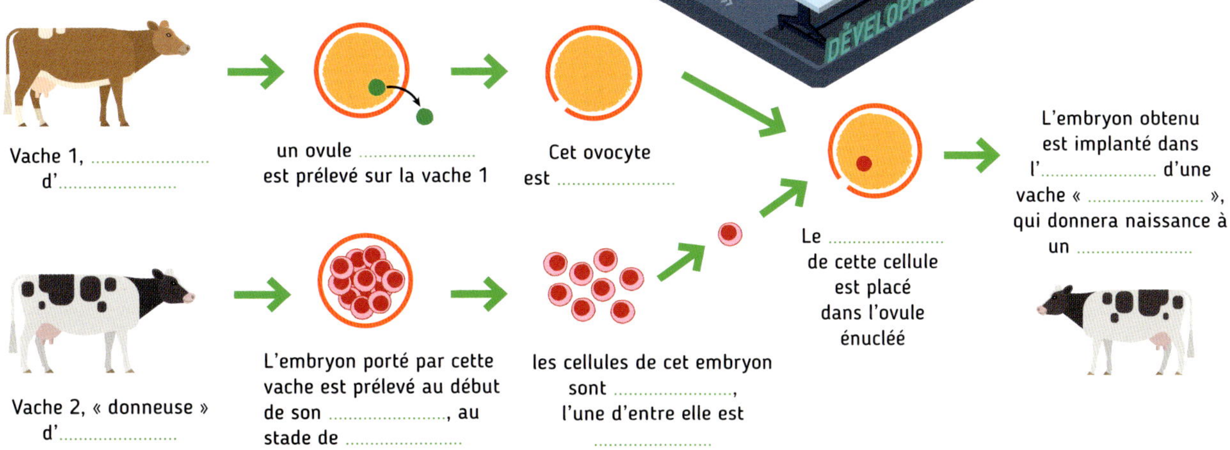

...Tout se transforme

Complétez les phrases suivantes.

- Le clonage reproductif a pour objectif ....
- Dans le clonage thérapeutique, qui n'est encore qu'à l'état de recherches, l'embryon cloné est créé uniquement pour ....

LES DONS ISSUS DU CORPS HUMAIN

La générosité en chiffres

Chaque année quelques milliers de vies sont sauvées grâce à un don d'organe ou de sang, mais bien d'autres ne peuvent l'être faute de donneurs. Connaissez-vous les chiffres de 2016 relatifs aux greffes de produits issus de dons du corps humain ? **Tentez de compléter** le tableau suivant avec les nombres donnés :

90 | 1 322 | 13 | 3 | 477 | 3 615 | 371

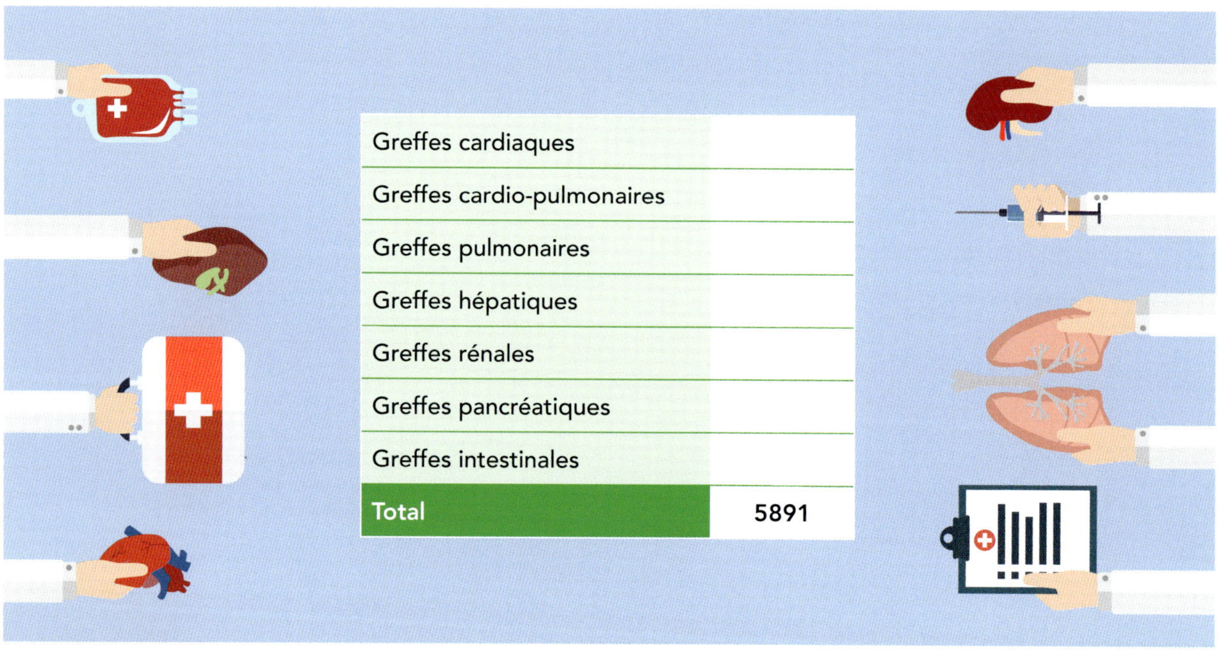

Greffes cardiaques	
Greffes cardio-pulmonaires	
Greffes pulmonaires	
Greffes hépatiques	
Greffes rénales	
Greffes pancréatiques	
Greffes intestinales	
Total	5891

Et en lois

Les dons d'organes et du sang sont régis par trois principes fondamentaux, **savez-vous lesquels ?**

1. ....

2. ....

3. ....

Testez vos connaissances

Les affirmations suivantes **sont-elles vraies** ?

1. En France, l'âge ou un problème de santé ne constituent pas une limite au don d'organes après la mort. ☐ VRAI ☐ FAUX
2. Pour un mineur, l'autorisation des parents ou tuteurs n'est pas indispensable lors du prélèvement. ☐ VRAI ☐ FAUX
3. En cas de donneur ayant un problème de santé, ce sera au médecin de juger si le prélèvement est possible ou pas. ☐ VRAI ☐ FAUX
4. D'un point de vue médical, la mort est la destruction partielle et réversible des fonctions de l'encéphale, c'est-à-dire l'ensemble formé par le cerveau, le cervelet et le tronc cérébral. ☐ VRAI ☐ FAUX
5. Le constat de mort ne peut être établi que si les critères cliniques suivants sont simultanément présents :
   - l'absence totale de conscience et d'activité motrice spontanée ; ☐ VRAI ☐ FAUX
   - l'abolition de tous les réflexes du tronc cérébral ; ☐ VRAI ☐ FAUX
   - l'absence de respiration spontanée. ☐ VRAI ☐ FAUX
6. Depuis le 1er Janvier 2017 :
   Le principal moyen de s'opposer au prélèvement de ses organes et tissus après la mort est de s'inscrire sur le registre national des refus. ☐ VRAI ☐ FAUX
7. Le seul moyen de le faire savoir est l'inscription en ligne sur le site : registrenationaldesrefus.fr ☐ VRAI ☐ FAUX
8. Le refus peut être partiel, et ne concerner que certains organes ou tissus.
   ☐ VRAI ☐ FAUX

L'ASSISTANCE MÉDICALISÉE À LA PROCRÉATION

Où en sommes-nous ?

1) Comment s'appelle le premier « bébé-éprouvette » ?

- ☐ **a.** Louise
- ☐ **b.** Natasha
- ☐ **c.** Adam

2) Comment s'appelle le premier bébé éprouvette français ?

- ☐ **a.** Charlotte
- ☐ **b.** Amandine
- ☐ **c.** Eve

3) Combien d'enfants naissent en moyenne chaque année en France par une technique de PMA (procréation médicalement assistée) :

- ☐ **a.** 500
- ☐ **b.** 5000
- ☐ **c.** 23 000

4) En France, les lois de 1999 sur la bioéthique autorisent l'accès aux techniques de PMA aux :

- ☐ **a.** couples mariés ou non
- ☐ **b.** couples homosexuels
- ☐ **c.** femmes dont le mari est décédé

5) Dans quel contexte un couple peut-il bénéficier des techniques de la procréation médicalement assistée ?

- ☐ **a.** Il n'y a pas de condition particulière, tout le monde peut y avoir recours
- ☐ **b.** Une infertilité médicalement constatée (cause pathologique)
- ☐ **c.** La prévention de risques de transmission de maladies graves
- ☐ **d.** Pour choisir le sexe de l'enfant et la couleur de ses yeux

6) Laquelle de ces méthodes de PMA est interdite en France ?

- ☐ **a.** Le don de gamètes
- ☐ **b.** Le don d'embryons
- ☐ **c.** Le recours à une mère porteuse

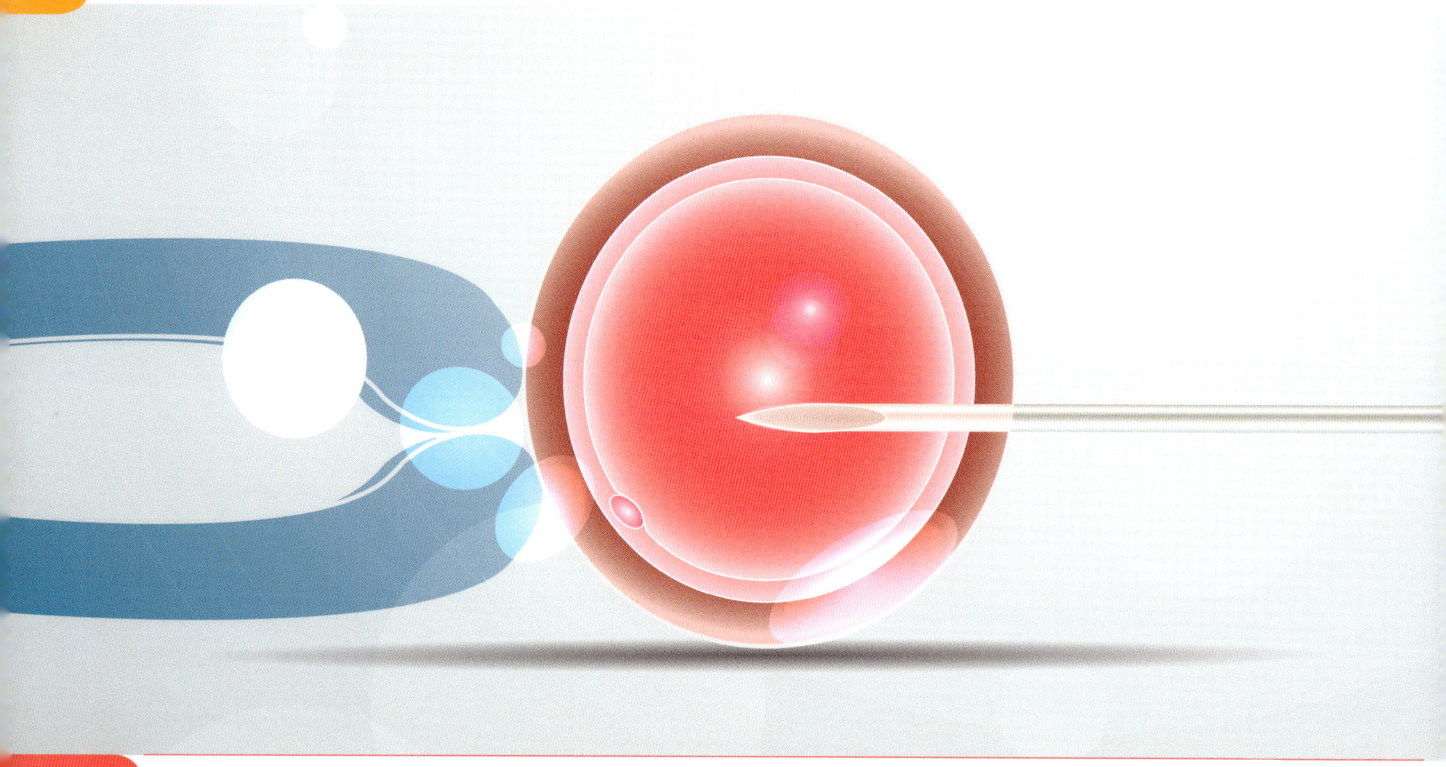

7) Qu'est ce que l'AMP ?

- ☐ **a.** Un ensemble de techniques médicales qui permettent la transplantation d'organes
- ☐ **b.** Un ensemble de techniques médicales qui permettent de concevoir des enfants en dehors du processus naturel
- ☐ **c.** Un ensemble de techniques médicales qui permettent d'accompagner les personnes en fin de vie

8) Quel est le pourcentage moyen de couples infertiles après un an d'essais en France ?

☐ **a.** 16 % ☐ **b.** 49 % ☐ **c.** 24 %

9) Combien de méthodes d'AMP existe-t-il ?

☐ **a.** 5 ☐ **b.** 4 ☐ **c.** 3 ☐ **d.** 2

10) En moyenne, combien de tentatives de fécondations in vitro (avec ou sans ICSI) ont lieu chaque année en France ?

☐ **a.** 70 000 ☐ **b.** 150 000 ☐ **c.** 50 000

11) Sur l'ensemble des techniques d'AMP, quel est le pourcentage de naissances par fécondations in vitro en 2008 en France ?

☐ **a.** Proche de 100 % ☐ **b.** Environ 5 % ☐ **c.** Environ 20 % ☐ **d.** Environ 35 %

12) En France, jusqu'à quel âge une femme peut-elle bénéficier d'une AMP ?

☐ **a.** 25 ans ☐ **b.** 37 ans ☐ **c.** 43 ans ☐ **d.** 46 ans

13) Qu'est-ce que l'insémination artificielle ?

- ☐ **a.** La mise en confrontation d'un ovocyte et de sperme dans un tube
- ☐ **b.** L'introduction de sperme dans les voies génitales de la femme
- ☐ **c.** La micro injection d'un spermatozoide préalablement choisi dans l'ovocyte

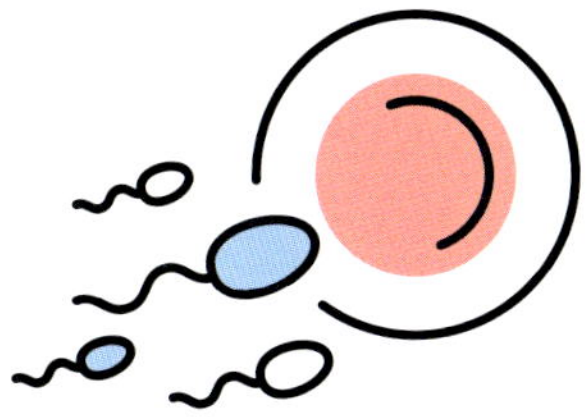

14) Quels facteurs peuvent affecter la fertilité ?

- ☐ **a.** L'âge de la femme
- ☐ **b.** L'âge de l'homme
- ☐ **c.** Certaines maladies génétiques
- ☐ **d.** L'excès d'alcool

15) Qu'est ce que la fécondation in vitro (FIV) ?

- ☐ **a.** La micro injection d'un spermatozoide préalablement choisi dans l'ovocyte
- ☐ **b.** L'introduction de sperme dans les voies génitales de la femme
- ☐ **c.** La mise en confrontation d'ovocyte et de sperme dans un tube

16) Qu'est ce que l'ICSI ?

- ☐ **a.** L'introduction de sperme dans les voies génitales de la femme
- ☐ **b.** La micro injection d'un spermatozoide préalablement choisi dans l'ovocyte
- ☐ **c.** La mise en confrontation d'ovocyte et de sperme dans un tube

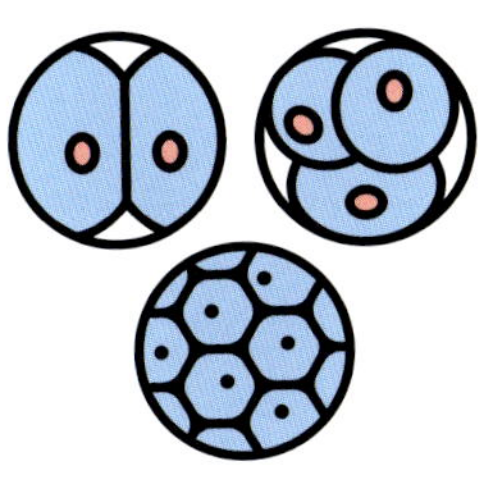

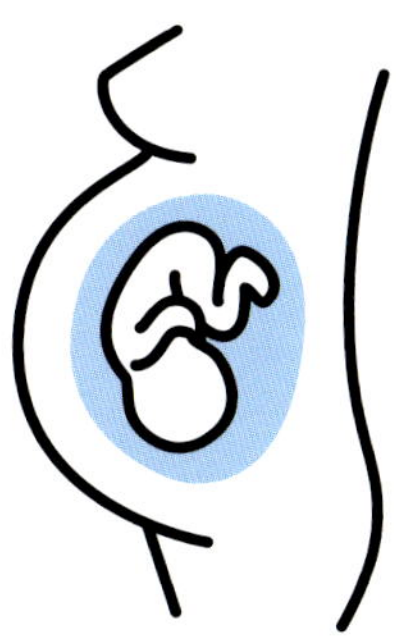

L'EUTHANASIE

Chacun ses lois

Associer les notions aux définitions correspondantes.

1. Euthanatos
2. Euthanasie
3. Euthanasie active
4. Euthanasie passive
5. Soins palliatifs
6. Selon la loi Leonetti du 22 avril 2002
7. Selon le Code de santé

a Soins actifs et continus pratiqués par une équipe interdisciplinaire, en institution ou à domicile. Ils visent à soulager la douleur, à apaiser la souffrance psychique, à sauvegarder la dignité de la personne malade et à soutenir son entourage.

b Le médecin « *doit s'abstenir de toute obstination déraisonnable dans les investigations ou la thérapeutique et peut renoncer à entreprendre ou poursuivre des traitements qui apparaissent inutiles, disproportionnés ou qui n'ont d'autre objet ou effet que le maintien artificiel de la vie.* »

c Consiste à arrêter les dispositions qui permettent de prolonger artificiellement la vie d'un malade incurable et en souffrance. Est également appelée refus d'acharnement thérapeutique.

d *« Les professionnels de santé mettent en œuvre tous les moyens à leur disposition pour assurer à chacun une vie digne jusqu'à la mort. Si le médecin constate qu'il ne peut soulager la souffrance d'une personne, en phase avancée ou terminale d'une affection grave et incurable, quelle qu'en soit la cause, qu'en lui appliquant un traitement qui peut avoir pour effet secondaire d'abréger sa vie, il doit en informer le malade, [...], la personne de confiance, [...] la famille ou, à défaut, un des proches. La procédure suivie est inscrite dans le dossier médical. »*

e Ce terme signifie en grec « bonne mort ».

f D'un point de vue médical, ce mot désigne aujourd'hui la pratique qui consiste à hâter la mort d'un malade incurable, dans le but d'abréger ses souffrances. Il s'agit donc d'une mort provoquée, à la demande du patient et avec l'intervention d'un médecin.

g Acte donnant la mort (le plus souvent par l'injection d'une substance létale permettant de mettre fin à la vie du patient en quelques minutes et sans douleur).

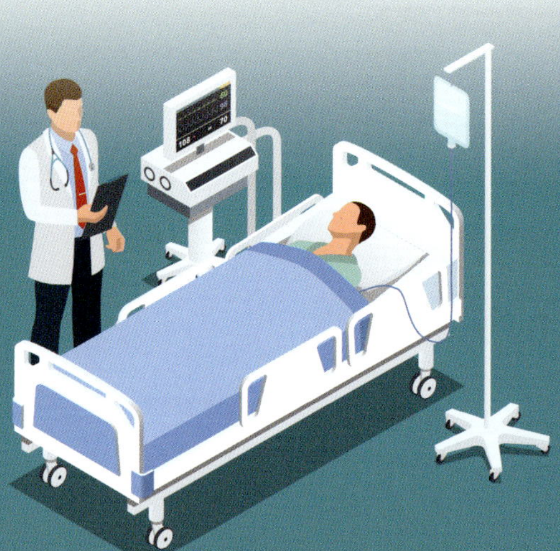

LA GÉNÉTIQUE

À la recherche du gène perdu

Retrouvez 12 termes dans le tableau suivant, dont des acronymes, relatifs à la génétique. Tous les sens de lecture sont possibles.

S	U	V	Q	U	A	T	E	R	Z	G	S	E
K	C	E	D	P	I	D	S	A	I	F	M	R
M	D	R	P	A	N	D	E	O	V	O	L	T
N	G	E	N	E	J	U	N	B	N	S	R	F
Q	D	U	O	I	S	T	E	E	H	E	W	O
A	M	G	O	N	N	E	G	T	I	L	S	S
G	O	E	A	E	N	G	S	L	U	C	A	S
U	W	N	Y	H	A	D	N	O	Z	Y	E	A
K	Z	I	C	B	F	X	A	D	N	D	T	T
L	P	S	E	V	B	C	R	L	S	U	D	I
E	I	M	O	S	I	R	T	N	O	I	S	E
F	H	E	R	E	D	I	T	E	S	V	J	O
C	H	R	O	M	O	S	O	M	E	P	Q	X

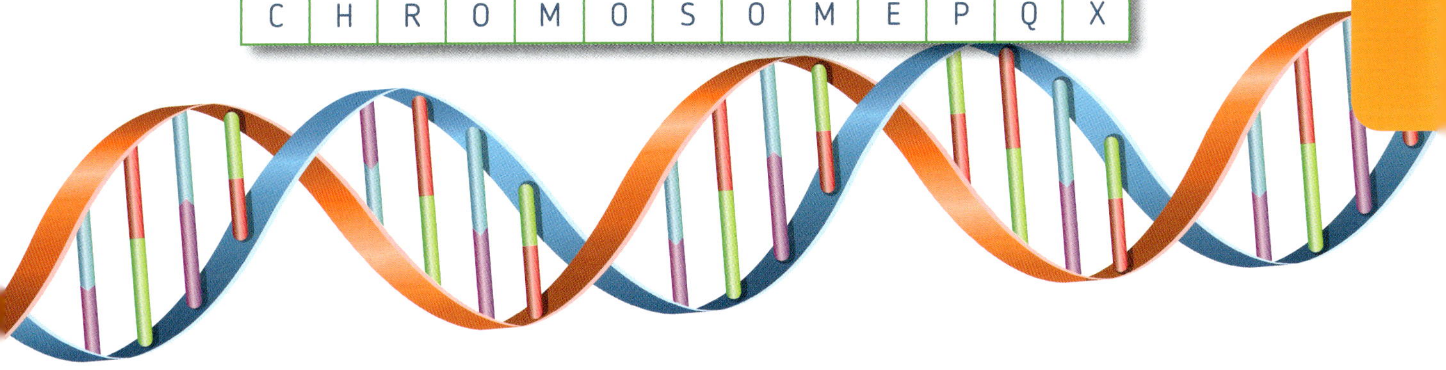

1. ....
2. ....
3. ....
4. ....
5. ....
6. ....
7. ....
8. ....
10. ....
11. ....
12. ....

Les maladies à incidence sociale

DÉFINITION DES MIS

Prise de notes

Une étudiante en préparation au concours d'entrée en IFSI a égaré une partie de ses cours. **Aidez-la à reconstituer** celui sur les maladies à incidences sociales en y intégrant les mots et notions suivants :

mortalité lourde • syndrome • mentale • symptômes • revenus • exogènes • virus • morbidité • incidence • prévalence • système de protection sociale • décès • altération • pensions • contribuable • société • incidence sociale • l'hérédité • comportements à risques • endogènes

Une maladie est une .... physique ou .... de la santé. Elle est donc différente du .... qui désigne un ensemble de ....

Une maladie peut résulter de causes :

– .... , c'est-à-dire que l'organisme est agressé par un élément externe tel qu'un .... par exemple ;

– ...., c'est-à-dire liée à des causes internes à l'organisme, comme ....

Une maladie dite à .... est reconnue comme ayant une conséquence sur la société.

Une MIS se caractérise souvent par ces quatre critères :

– une .... élevée (ce terme désignant le nombre de personnes souffrant d'une maladie pendant une période donnée. L' .... ou le nombre de nouveaux cas, et la ...., c'est-à-dire la somme de tous les cas, sont deux façons d'exprimer la morbidité d'une maladie) ;

– une .... (ce terme désignant le nombre de .... rapportés dans une population pour un temps donné) ;

– une influence venant de la vie en société (souvent il s'agit de maladies ayant pour causes des ...., c'est-à-dire pouvant être évitées) ;

– un coût social et individuel important : en effet, d'une part la création d'établissements spécialisés, le versement de .... ou encore la recherche pour contrer ces maladies sont financés, de façon indirecte, par le .... D'autre part, les dépenses et les pertes liées à la maladie sont lourdes pour le patient lui-même : certains traitements et actes médicaux ne sont pas pris en charge par le .... La maladie peut entraîner la perte de l'emploi, donc de ...., voire l'exclusion de l'individu, celui-ci pouvant perdre sa place au sein de la ....

LES CANCERS

Cellules vs système immunitaire

Replacez correctement les légendes sur ce schéma illustrant le processus de cancérisation.

- **a** Cellule anormale
- **b** Cellules anormales qui se multiplient
- **c** Cellule anormale qui échappe au système immunitaire
- **d** Tumeur
- **e** Système immunitaire
- **f** Cellules normales

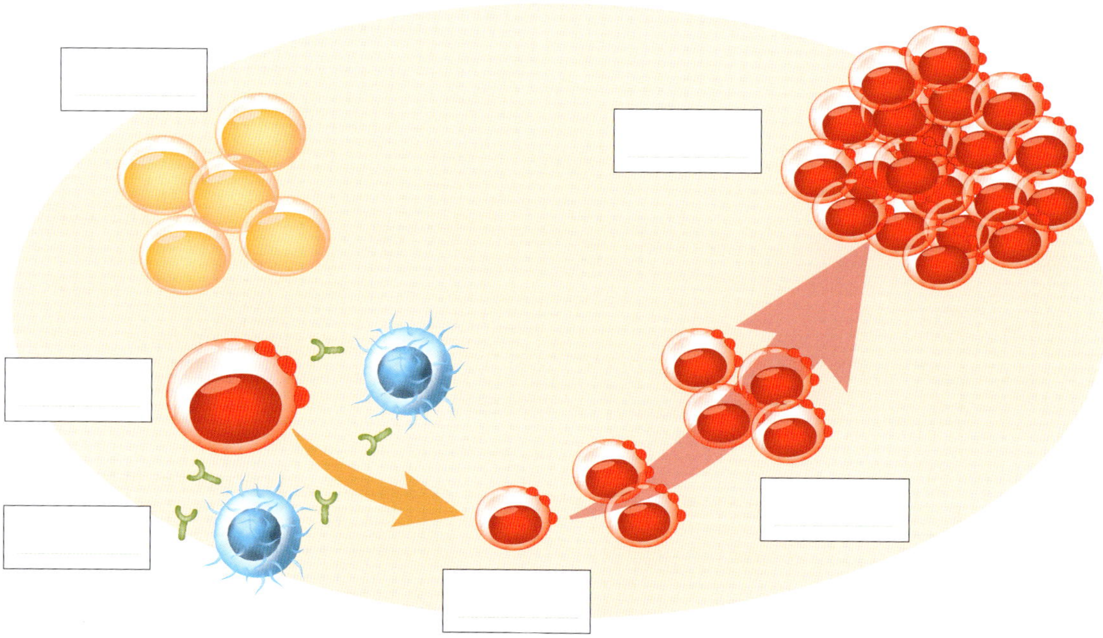

Pas à pas

Quelles sont les étapes d'un cancer ?

En l'absence de traitement, la majorité des cancers (tumeurs dites « solides ») évoluent en suivant les mêmes étapes, mais à des vitesses très variables et selon des modalités propres à chaque type de cancer, c'est ce que l'on appelle l'« histoire naturelle » d'un cancer.

Un étudiant a mal noté son cours. **Aidez-le à remettre** dans l'ordre les étapes de « l'histoire naturelle » d'un cancer :

Étapes

- Les métastases apparaissent. Souvent, elles touchent d'abord les ganglions lymphatiques, petits organes dispersés dans tout le corps et palpables au niveau du cou, de l'aine et des aisselles, qui jouent un rôle clé dans la lutte contre les infections. Puis les métastases s'étendent aux autres organes. Elles sont responsables de 90 % des décès par cancer.
- La maladie débute par une lésion précancéreuse, qui contient des cellules en cours de transformation. Toutes les lésions précancéreuses ne donnent pas forcément des cancers.
- Une cellule cancéreuse apparaît et commence à se multiplier. Dans un premier temps, la tumeur de petite taille reste localisée dans le tissu d'origine.
- La tumeur grossit et commence à envahir les tissus voisins.

Une description par stade reposant sur l'étendue et le volume de la tumeur est parfois utilisée. Elle distingue quatre stades, à vous de **les relier pour les remettre** dans l'ordre.

STADE 1 ◯
STADE 2 ◯
STADE 3 ◯
STADE 4 ◯

◯ la tumeur est unique et de petite taille
◯ extension plus large dans l'organisme sous forme de métastases
◯ les ganglions lymphatiques ou les tissus avoisinants sont envahis
◯ la tumeur est d'un volume local plus important

Statistiques

Associez ces chiffres aux situations qu'ils concernent :

43 000 ◯
174 000 ◯
3 M ◯
149 500 ◯
211 000 ◯
65 400 ◯
385 000 ◯
84 100 ◯

◯ nouveaux cas de cancers estimés en 2015 en France métropolitaine
◯ nouveaux cas chez les hommes
◯ nouveaux cas chez les femmes
◯ décès par cancers estimés en 2015
◯ chez les hommes
◯ chez les femmes
◯ de personnes ont survécu à un cancer
◯ patients sont inclus dans des essais cliniques

Source : Les cancers en France en 2015, INCa

LES MALADIES CARDIOVASCULAIRES

VRAI ou FAUX

1. Les MCV (maladies cardiovasculaires) désignent l'ensemble des maladies du système cardiovasculaire. Quatre zones sont principalement touchées par ce type de maladies :
   – le cerveau
   – le cœur
   – les bras
   – les jambes
   ☐ VRAI ☐ FAUX

2. Ces affections sont dites polyfactorielles, c'est-à-dire que de nombreux facteurs de risque contribuent à leur développement : l'environnement, les habitudes alimentaires, l'hygiène de vie, l'hérédité, l'âge, le sexe, l'hypercholestérolémie, le diabète, l'hypertension, le surpoids, l'obésité, le tabagisme, la sédentarité, ou encore le stress.
   ☐ VRAI ☐ FAUX

3. Les maladies cardiovasculaires ont pour principale cause le phénomène d'athérosclérose.
   ☐ VRAI ☐ FAUX

4. L'angine de poitrine, l'infarctus du myocarde et l'artérite des membres inférieurs sont des maladies cardiovasculaires.
   ☐ VRAI ☐ FAUX

5. Les maladies cardiovasculaires sont aujourd'hui la troisième cause de mortalité dans les pays développés. ☐ VRAI ☐ FAUX

6. En France, les MCV représentent un tiers du total des décès. ☐ VRAI ☐ FAUX

7. Chez les 45 à 54 ans, 25 % des morts sont dues à ce type de maladies.
   ☐ VRAI ☐ FAUX

8. Environ 1/3 des décès des françaises et plus du 1/4 des décès des français sont imputables aux MCV. ☐ VRAI ☐ FAUX

9. Les MCV frappent plus fréquemment les groupes sociaux les plus favorisés : parmi les 25-64 ans, les ouvriers ont une mortalité vingt fois inférieure à celle des cadres et des professions libérales. ☐ VRAI ☐ FAUX

10. Les maladies cardiovasculaires constituent un enjeu crucial de santé publique. Si rien n'est fait, les 25 prochaines années risquent d'enregistrer une hausse de 50 % du nombre de cas d'insuffisance cardiaque et d'infarctus. ☐ VRAI ☐ FAUX

LES INFECTIONS SEXUELLEMENT TRANSMISSIBLES

Que savez-vous ?

Répondez brièvement à ces questions ouvertes.

1. Pourquoi l'appellation maladies sexuellement transmissibles a aujourd'hui changé ?

2. À quoi sont dues les IST ?

3. Combien de personnes dans le monde vivent aujourd'hui avec le VIH ?

4. Combien de nouveaux cas de séropositivité sont découverts chaque année en France ?

5. Combien de personnes meurent du SIDA chaque jour dans le monde ?

6. Quelles sont les complications si la blennorragie gonococcique ou « chaude-pisse » n'est pas soignée à temps ou correctement ?

7. Combien de personnes sont atteintes chaque année en France par l'hépatite B ?

8. Quelles sont les recommandations en termes de vaccination en prévention du papillomavirus ?

9. Quelles sont les complications si la syphilis n'est pas soignée à temps ou correctement ?

10. Existe-t-il un traitement d'urgence contre le VIH ?

LES INFECTIONS SEXUELLEMENT TRANSMISSIBLES (SUITE)

Les stades de la maladie

Replacez les différentes phases d'évolution de la maladie, du VIH vers le SIDA.

1

Lors de l'infection asymptomatique lors de laquelle le virus peut vivre dans l'organisme pendant de nombreuses années sans provoquer de symptômes. La personne peut avoir l'impression de ne pas être malade, mais elle reste contagieuse. Durant cette phase la personne devient séropositive (son sang présente des anticorps) en général de un à trois mois après l'infection.

2

Lors de la phase appelée sida (syndrome d'immunodéficience acquise) le nombre de cellules immunitaires est trop bas pour que le corps arrive à lutter contre d'autres infections ou maladies, et le sida est déclaré. Les symptômes de l'infection sont alors plus apparents et constants. De plus, des infections opportunistes (c'est-à-dire des infections qui normalement ne sont pas graves, mais qui le deviennent chez les personnes qui ont de très faibles défenses immunitaires) peuvent causer d'importants problèmes de santé.

3

Pendant l'infection symptomatique la personne ressent par moment certains symptômes liés au VIH, tels que de la fatigue, de la fièvre, de la diarrhée, un gonflement des ganglions, une perte de poids, etc.

4

Au stade de la primo-infection, une partie des personnes atteintes présentent des symptômes semblables à ceux de la grippe ou de la mononucléose : fièvre, maux de tête, maux de gorge, rougeurs sur la peau, fatigue, douleurs musculaires...

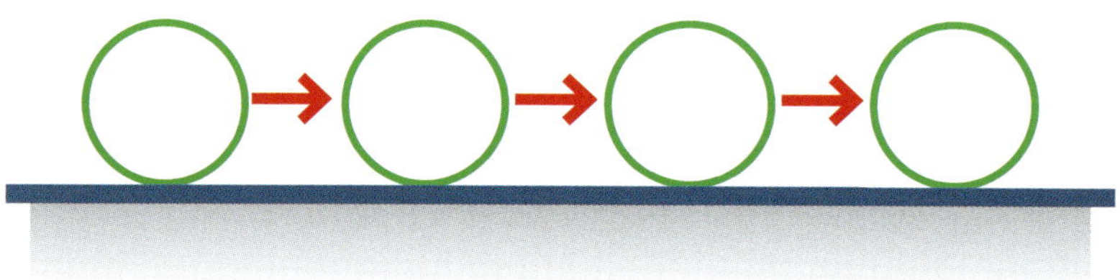

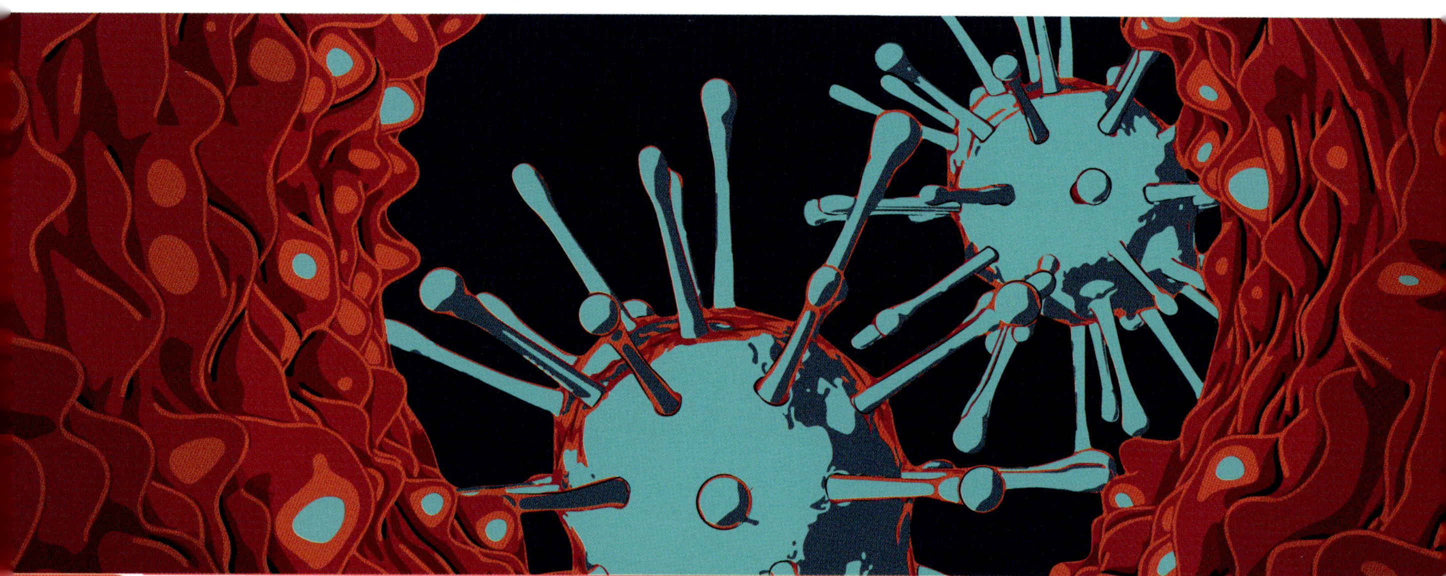

LES TROUBLES DE L'ALIMENTATION

Pratiquez les maux

Parmi les troubles suivants, **entourez** ceux qui sont des TCA (troubles des comportements alimentaires), puis **donnez-en** une définition.

TOC

Anorexie

Paranoïa

Potomanie

Schizophrénie

Hyperphagie

Mérycisme

Dépression

Boulimie

Agressivité

Pica

Hyperactivité

Phobie

Trichotillomanie

LES TROUBLES MENTAUX ET DU COMPORTEMENT

Nombres malades

Complétez les chiffres du texte suivant.

Les chiffres et statistiques de la dépression en France

En France, près d'une personne sur .... a souffert ou souffrira d'une dépression au cours de sa vie.

La dépression est une maladie qui touche tous les âges, depuis l'enfance jusque très tard dans la vie. En 2010, ... % des 15-85 ans auraient vécu un épisode dépressif, avec une prévalence .... fois plus importante chez les femmes que chez les hommes (Source : Institut national de prévention et d'éducation pour la santé). Cependant, la dépression ne concerne pas que les adultes. La prévalence des troubles dépressifs est estimée entre .... à .... % chez l'enfant et à .... % chez l'adolescent.

Les chiffres et statistiques des troubles dépressifs dans le monde

L'OMS (Organisation Mondiale pour la Santé) estime que les troubles dépressifs représentent le 1er facteur de morbidité et d'incapacité sur le plan mondial (communiqué de mars 2017). Ainsi, on compte plus de .... millions de personnes dans le monde souffrant de dépression soit une augmentation de plus de .... % de 2005 à 2015. La dépression n'est pas un trouble de santé à prendre à la légère. Elle peut conduire au suicide. Chaque année, près de .... personnes meurent en se suicidant. Le suicide est la .... cause de mortalité chez les 15-29 ans.

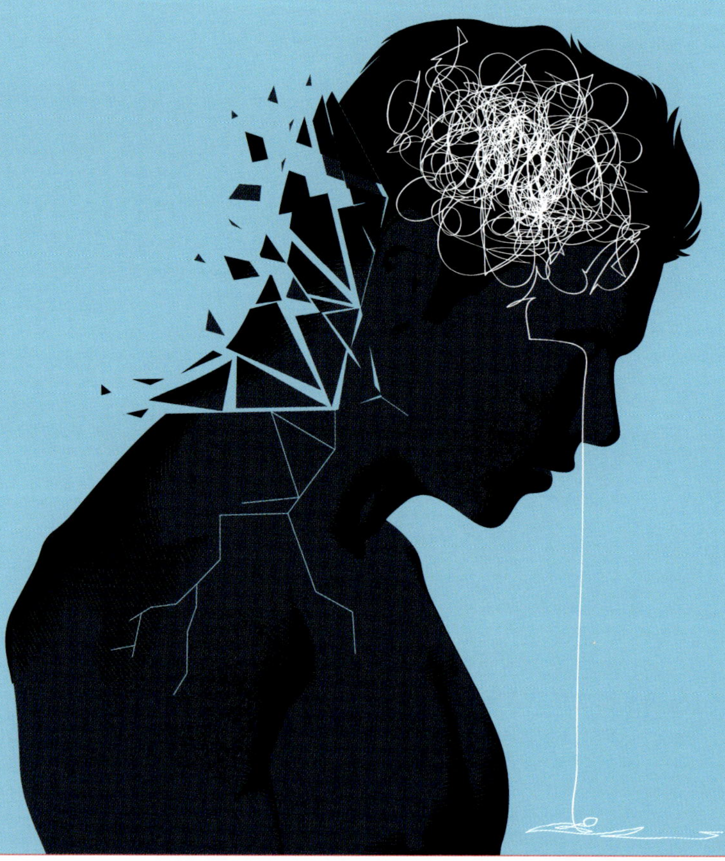

L'environnement menacé

L'ENVIRONNEMENT

Autour de nous

Définissez les termes suivants.

Environnement	
Écologie	
Biodiversité	
Trou de la couche d'ozone	
Gaz à effet de serre	

LES NUISANCES ET LES POLLUTIONS

Dégâts en masse

Saurez-vous répertorier les différentes formes de nuisances et de pollutions ?

NUISANCES / POLLUTIONS

LES NUISANCES ET LES POLLUTIONS (SUITE)

Ranger sa poubelle

Replacez sur le schéma ci-dessous les données relatives à la composition moyenne des poubelles.

29 % | 13 % | 4 % | 25 % | 11 % | 18 %

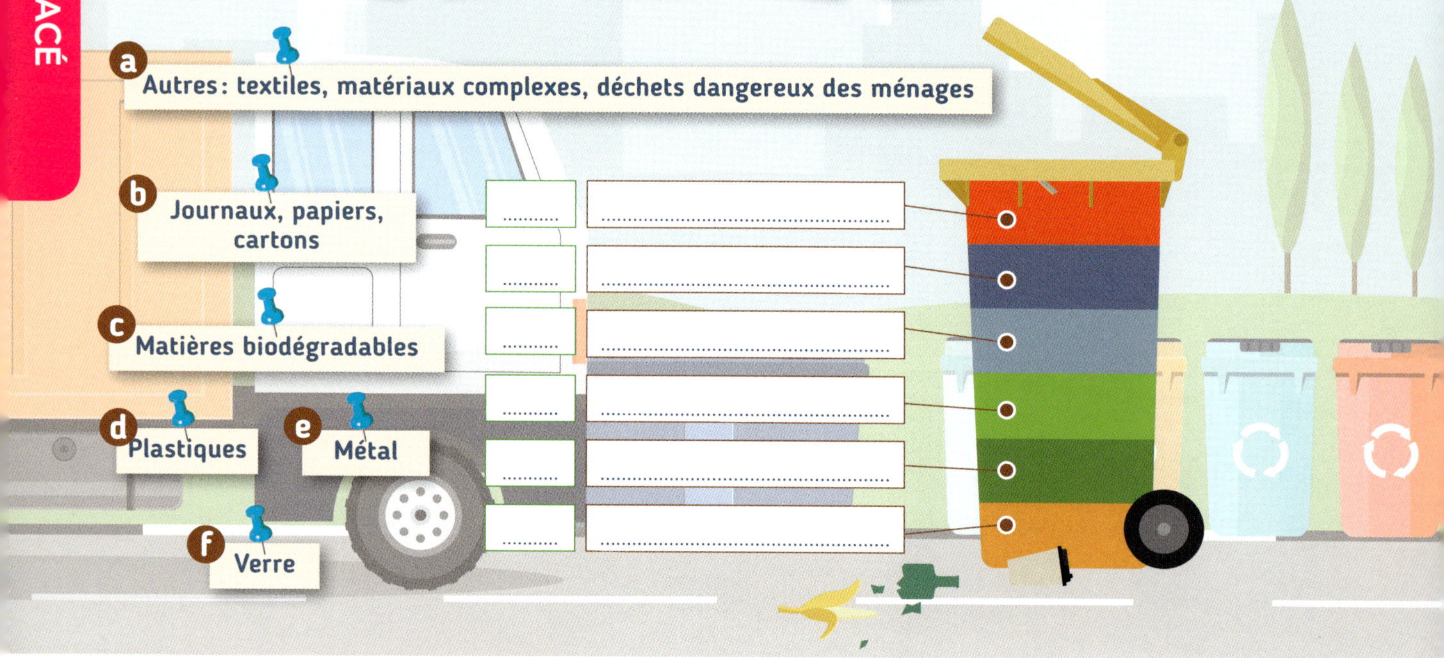

....	....
....	....
....	....
....	....
....	....
....	....

Retour vers le futur sale

Combien de temps dure le processus de décomposition des déchets suivants ?

Des épluchures	....
Un mouchoir en papier	....
Un mégot de cigarette avec filtre	....
Un chewing-gum	....
Un sac en plastique	....
Une boite d'aluminium	....

QUELQUES ACTIONS EN FAVEUR DE L'ENVIRONNEMENT

Un peu plus vert

Replacez ces actions en faveur de l'environnement sur la frise chronologique et **donnez-en** une description.

- **a** Grenelle de l'environnement français 1
- **b** Grenelle de l'environnement français 2
- **c** Création du GIEC
- **d** Protocole de Kyoto
- **e** Sommet de Copenhague
- **f** Loi française sur le gaspillage alimentaire
- **g** Loi française relative à la transition énergétique pour la croissance verte
- **h** Sommet de la Terre à Rio de Janeiro
- **i** Entrée en vigueur du protocole de Kyoto

Les individus face aux évolutions de la société

LA FAMILLE

Qui a dit « oui » ?

Quelles sont **les différentes définitions** de la famille ?

L'origine latine ....

La famille nucléaire ....

La famille selon l'INSEE ....

La famille selon les statisticiens ....

La famille en chiffres

Combien de mariages ont été célébrés :

En 1969 : .... En 2006 : ....

En 2016 : ....,combien entre personnes de même sexe : ...., combien entre personnes de sexe différent : ....

À quel âge se mariait-on en moyenne en 1994 :

Hommes : .... Femmes : ....

En 2009 :

Hommes : .... Femmes : ....

Combien de PACS ont été signés :

En 1997 : .... 2005 : .... En 2015 : ....

Combien de divorces ont été prononcés :

En 2015 : ...., dont plus de .... % par consentement mutuel.

Combien de sortes de divorces existe-t-il en France ? **Nommez-les et décrivez-les.**

....

LA FAMILLE (SUITE)

À vos méninges !

Traitez ce sujet type de concours d'entrée en IFSI.

Parents après 40 ans, l'engagement familial à l'épreuve de l'âge

Depuis plusieurs années, les maternités tardives ont fait leur entrée sur la scène médiatique des problèmes de société, sous les traits de la cadre battante qui découvre, quadra, qu'après avoir prolongé sa jeunesse à obtenir ses diplômes, elle s'est trop investie dans son travail au point d'en oublier d'avoir des enfants. Le plus souvent, ce discours médiatique explique le phénomène des maternités tardives par un affaiblissement des normes d'âge, présenté comme caractéristique de nos sociétés contemporaines.

Le défaut d'intégration des normes et la valorisation excessive de la jeunesse (le jeunisme) les conduiraient en effet à une dénégation du vieillissement, dont l'enjeu serait une transgression à la fois sociale (refus de vieillir), anthropologique (risque pour la transmission) et biologique (risque médical). En articulation avec les normes d'âge, ce discours interroge également le travail et l'activité féminine : la maternité tardive renverrait alors aux difficultés pour les femmes diplômées et entrées tard sur le marché du travail à arbitrer entre activité professionnelle et maternité. Parfois encore, dans les médias, les maternités tardives alimentent la dénonciation des dérives de la science : les effets délétères de l'affaiblissement des normes d'âge seraient renforcés par la toute-puissance médicale qui, par le biais de la procréation médicalement assistée (PMA), donnerait aux femmes la fausse assurance de pouvoir avoir des enfants à tout âge. On le voit, c'est ici la grandeur des questions posées en termes de normes, de valeurs ou de choix qui fait l'importance de ce problème de société. À l'inverse, l'ampleur du phénomène et son homogénéité ne sont jamais discutées, de même d'ailleurs que la question de savoir ce qui caractérise, au-delà de l'âge de la mère, ces situations de maternité tardive. Or, il s'avère que, du point de vue démographique, ce phénomène n'a pas le caractère univoque qu'on lui prête souvent.

Quelques idées reçues à combattre

En effet, alors qu'il est souvent décrit comme un problème des sociétés de la modernité, dans les faits, le phénomène des maternités tardives s'inscrit dans une histoire plus longue : celle des familles nombreuses.

Pendant longtemps, pour une femme, avoir un nombre élevé d'enfants augmentait la probabilité d'en avoir à un âge avancé, même si l'âge moyen au premier enfant était lui-même moins élevé qu'aujourd'hui. Ces maternités tardives liées aux familles nombreuses n'étaient pas perçues comme un problème de société. [...]

Vécu comme quelque chose de « naturel », il pouvait aussi bien représenter un fardeau supplémentaire pour sa vieillesse qu'une manière positive d'entrer autrement dans celle-ci. À partir du début du XXe siècle, les familles nombreuses se sont raréfiées et, avec elles, les maternités à 40 ans et plus. Ces maternités tardives ont ainsi connu une « longue et forte baisse », passant entre 1901 et 1980 de 6,5 % du total des naissances à 1,1 %. Sans être négligeable, le phénomène contemporain n'a pas l'ampleur démographique qu'on lui prête. [...]

Elles concernent aujourd'hui aussi bien des familles nombreuses, des familles monoparentales (des femmes, le plus souvent, ayant un enfant qu'elles vont élever seules), que des couples restés jusqu'alors sans enfant. Surtout, un grand nombre de naissances tardives ont désormais lieu dans des familles recomposées (où l'un des parents, au moins, a déjà eu des enfants avec un autre conjoint) ; leur part tend même à augmenter au fil du temps. C'est ainsi que la proportion de mères tardives ayant eu des enfants avec plusieurs conjoints double entre la génération de mères née avant 1930 et celle née dans les années 1940, passant de 7,4 % à près de 16 %.

Enfin, cette diversité des contextes familiaux s'accompagne d'une hétérogénéité du point de vue de l'activité, du diplôme ou de la profession exercée par les parents.

Par ailleurs, avoir un enfant ne se réduit pas au fait de la conception et la parentalité contemporaine est fortement travaillée par la question du contexte de la naissance : les conditions nécessaires pour avoir des enfants mais aussi pour engendrer [...]. Dans ce contexte, les logiques d'engendrement se sont transformées dans le sens d'une plus grande liberté apparente quant au choix d'avoir des enfants, au projet qui lui correspond mais également au moment pour le concrétiser [...]. Pour une femme, la maternité n'est plus la seule forme d'accomplissement possible. L'injonction faite aux hommes d'assumer autrement leur paternité est aujourd'hui plus forte – ce qui n'implique pas qu'elle se traduise dans les faits.

Il serait erroné de penser que cette plus grande liberté de choix fait disparaître toute forme de contraintes [...]. C'est ainsi par exemple, que les contraintes pesant sur le choix du conjoint augmentent à mesure que la figure du partenaire conjugal se dissocie de celle du parent : certaines personnes mettront ainsi beaucoup de temps à trouver « la bonne personne ». Parfois, c'est la qualité de la relation de couple qui ne permet pas d'envisager d'avoir des enfants. Autant que la famille, le couple a perdu de sa netteté, ce qui rend moins évident le passage de l'un à l'autre, et par conséquent le moment où l'on peut mettre à l'ordre du jour la question d'avoir des enfants [...].

L'épreuve de l'âge, pour les mères et pour les pères

La parentalité tardive désigne ce processus tout à la fois temporel et biographique par lequel des hommes et des femmes sont amenés à avoir des enfants à un âge avancé, fixé par convention pour les premiers à 45 ans et, pour les secondes, à 40 ans. Deux séquences organisent ce processus : la première renvoie au « retard », aux logiques ayant amené certains couples et individus à ne pas avoir d'enfant à l'âge où d'autres en ont ; la seconde davantage aux logiques de « rattrapage », les amenant à avoir des enfants à l'âge où les autres n'en ont plus, mettant alors en jeu le sens que cet événement va prendre. [...] Les histoires de chacun, les valeurs que l'on veut porter, les obstacles rencontrés donnent sens à la parentalité et à son caractère tardif.

Loin de renvoyer au seul défaut d'intégration des normes, la parentalité tardive contemporaine se décide ainsi au gré de négociations entre hommes et femmes (dans le cadre conjugal d'une reproduction sexuée). L'âge pèse fortement dans ces négociations, mais de manière différente selon le sexe. En raison d'un calendrier de fécondité moins resserré, les hommes disposent en effet de plus de temps que les femmes pour avoir des enfants – ce qui revient à dire qu'ils sont moins exposés que les femmes aux effets du vieillissement. Cette inégalité n'est pas sans conséquence sur des négociations conjugales dont le tempo est donné par l'âge de la femme et sa proximité de la quarantaine. Comprendre la logique de la parentalité tardive suppose ainsi de reconstituer le contexte de négociations amenant des couples à se faire à l'idée d'avoir des enfants, et la place que peut y prendre l'inégalité des calendriers masculins et féminins.

Article Marc Bessin et Hervé Levilain. Revue *Autrement*, septembre 2012.

❶ **Donnez** un titre à l'ensemble de ce texte.

....

❷ **Résumez** le texte en dégageant ses idées essentielles et en respectant ses articulations logiques.

....

....

....

....

....

....

....

....

....

....

❸ **Commentez** une des idées du texte et **argumentez** votre point de vue en vous appuyant sur vos connaissances et **en illustrant votre propos** à l'aide d'exemples tirés de vos expériences.

LES PERSONNES ÂGÉES ET LE VIEILLISSEMENT DE LA POPULATION

QCM

1. Quelle est la définition du vieillissement démographique ?

- ☐ a) augmentation de la proportion des personnes âgées dans la population
- ☐ b) diminution de la proportion des personnes âgées dans la population
- ☐ c) augmentation de la proportion des personnes de moins de 30 ans dans la population

2. La durée de vie a augmenté, quelle est désormais l'espérance de vie des garçons qui naissent aujourd'hui ?

- ☐ a) 80 ans
- ☐ b) 78 ans
- ☐ c) 70 ans

3. Qu'en est-il de l'espérance de vie approximative d'une femme ?

- ☐ a) 90 ans
- ☐ b) 75 ans
- ☐ c) 85 ans

4. D'un point de vue statistique, à partir de quel âge considère-t-on une personne comme âgée ?

- ☐ a) la catégorie des personnes âgées commence à 60 ans
- ☐ b) la catégorie des personnes âgées commence à 70 ans
- ☐ c) la catégorie des personnes âgées commence à 58 ans

5. En France, combien de personnes souffrent de la maladie d'Alzheimer en 2011 ?

- ☐ a) 650 000
- ☐ b) 700 000
- ☐ c) 855 000
- ☐ d) 880 000

6. À combien estime-t-on le nombre de personnes âgées maltraitées en France ?

- ☐ a) 300 000
- ☐ b) 400 000
- ☐ c) 500 000 et plus

7. En matière d'allocation, qu'est-ce que l'Asi ?

- ☐ a) Allocation supplémentaire d'invalidité
- ☐ b) Allocation sur incapacité
- ☐ c) Allocation sanitaire illimitée
- ☐ d) Allocation sociale d'invalidité

8. L'allocation personnalisée d'autonomie (APA) a été instituée le :

- ☐ a) 21 juillet 2001
- ☐ b) 12 mars 1975
- ☐ c) 18 septembre 1980

9. À l'heure actuelle, le rapport cotisants/retraités serait de 10 pour 4. Selon les estimations, en 2040 il serait de :

- ☐ a) 10 pour 5
- ☐ b) 10 pour 6
- ☐ c) 10 pour 7

10. Quelles sont les conséquences du vieillissement démographique ?

- ☐ a) des difficultés à financer les retraites, sur les bases du système de financement actuel
- ☐ b) un poids plus important sur les dépenses publiques en matière de santé
- ☐ c) l'accroissement du nombre de certaines pathologies : ostéoporose, arthrite, cancers, Parkinson…
- ☐ d) la diminution de la part des actifs

11. En France, quel est le seuil de renouvellement de la population ?

- ☐ a) 2,1
- ☐ b) 1,9
- ☐ c) 2
- ☐ d) 2,3

12. Une loi autorise le « laisser mourir » permettant aux médecins, après information et accord du malade, de limiter ou d'arrêter un traitement. En quelle année cette loi a-t-elle été mise en vigueur ?

- ☐ a) 22 avril 2005
- ☐ b) 30 juin 2006
- ☐ c) 15 mai 2004

13. Quel est le pourcentage estimé du nombre de personnes âgées vivant seules ?

- ☐ a) entre 10 et 14 %
- ☐ b) entre 20 et 30 %
- ☐ c) entre 5 et 15 %

14. À combien estime-t-on le taux d'emploi des personnes âgées de 55 à 64 ans ?

- ☐ a) environ 38 %
- ☐ b) environ 40 %
- ☐ c) environ 50 %

15. À combien est estimé le nombre de médecins généralistes qui ont suivi une formation en gériatrie ?

- ☐ a) 5 %
- ☐ b) 10 %
- ☐ c) 20 %

16. Par quoi est compensée la perte de revenu liée à la cessation d'activité professionnelle pour les personnes de 60 ans ?

- ☐ a) les prestations de l'assurance vieillesse de la sécurité sociale
- ☐ b) la pension invalidité
- ☐ c) l'allocation chômage
- ☐ d) l'allocation d'assurance veuvage

17. En France, sur quel système repose le financement de la retraite ?

- ☐ a) capitalisation
- ☐ b) capitulation
- ☐ c) répartition

LA FEMME

Au féminin

Les évènements correspondants aux dates du tableau ont été mélangés. **Replacez-les** dans l'ordre des dates.

L'évolution de la place de la femme dans la société

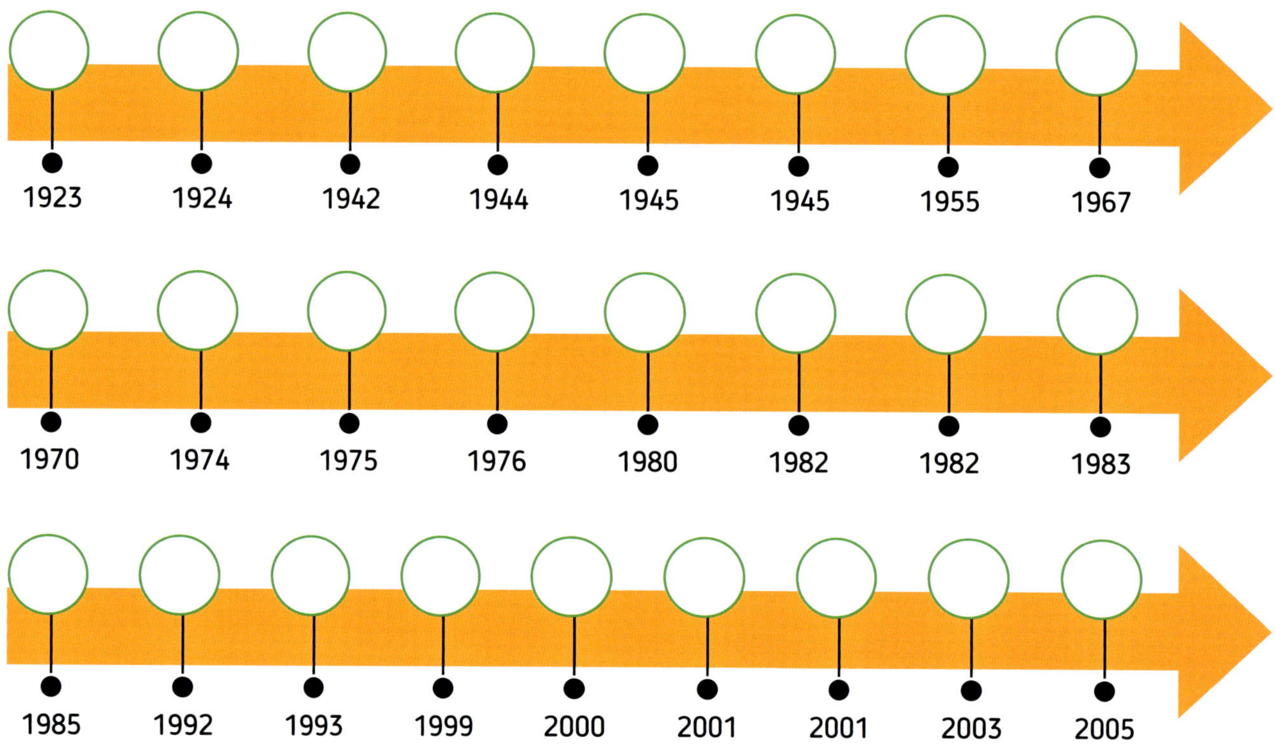

A Fondation de l'association « ni pute, ni soumise ». Ce mouvement mixte dénonce la situation des filles et des femmes dans certains quartiers difficiles.

B En France, l'avortement est un délit passible de la cour d'assises.

C Après un vote de l'Assemblée réunie à Alger, De Gaulle signe l'ordonnance donnant le droit de vote et l'éligibilité aux femmes.

D Loi instaurant le congé de maternité obligatoire et rémunéré de 8 semaines (2 semaines avant et 6 semaines après l'accouchement). Ce congé est rémunéré à hauteur de 50 % du salaire, 100 % pour les fonctionnaires.

E Loi Veil : cette loi autorise le remboursement des moyens contraceptifs par la Sécurité sociale et autorise provisoirement l'interruption volontaire de grossesse.

F Le Général de Gaulle déclare : « Une fois l'ennemi chassé du territoire, tous les hommes et toutes les femmes de chez nous éliront l'Assemblée nationale. »

G Le décret Bérard institue des horaires et des programmes d'études identiques dans les établissements secondaires de garçons et de filles, ce qui crée l'équivalence entre les baccalauréats masculin et féminin.

H Loi Neuwirth : cette loi porte sur la contraception en autorisant la production et la vente de contraceptifs.

I La loi stipule que désormais « les deux époux assurent ensemble la direction morale et matérielle de la famille » : c'est la fin de la notion de « chef de famille » et de l'autorité paternelle, remplacée par l'autorité parentale.

J La Sécurité sociale rembourse la contraception. Les mineures et les non-assurées sociales peuvent se la procurer gratuitement et de façon anonyme auprès des centres de planification (loi du 4 décembre).

K Loi Roudy : cette loi réaffirme l'égalité professionnelle entre les hommes et les femmes, et rappelle la notion « à travail égal, salaire égal », déjà reconnu en 1974.

L La loi Veil sur l'avortement est définitivement adoptée.

M Création d'une journée de mobilisation en faveur des femmes, reconduite depuis tous les ans, le 8 mars.

N La notion de « salaire féminin » est supprimée. « À travail égal, salaire égal » s'inscrit dans la législation française. Plusieurs lois rappellent ce principe en 1972, 1983 et 2005, notamment.

O La loi du 04/03/2002 modifie la transmission des noms de famille. Elle est publiée au *Journal officiel* du 05/03/2002. Elle entre en vigueur le 1er janvier 2005. Cette loi modifie les règles puisqu'elle intègre la possibilité de transmission du nom de la mère. Toute mention au patronyme est supprimée dans la loi. En effet, patro vient du latin *pater*, le père. Cela faisait donc référence au nom du père. Le mot patronyme est remplacé par nom de famille.

P L'interruption volontaire de grossesse est remboursée par la Sécurité sociale.

Q Égalité des époux dans les régimes matrimoniaux et dans la gestion des biens de la famille et des enfants.

R La France se dote d'une législation pénale et civile à travers le Code du travail qui réprime le harcèlement sexuel dans la relation de travail.

S Loi Neiertz : cette loi impose l'entrave à l'IVG comme un délit.

T La « pilule du lendemain » (la RU 486) est délivrée librement et sans ordonnance en pharmacie, et gratuitement aux mineures.

U Un décret autorise l'avortement thérapeutique.

V Le congé maternité est porté à 16 semaines minimum (6 semaines avant et 10 semaines après l'accouchement) avec versement complet du salaire. À partir du troisième enfant, le congé maternité minimum est de 24 semaines.

W Loi sur la parité politique. Celle-ci promulgue l'égal accès des hommes et des femmes à certains mandats électoraux et fonctions législatives.

X Réforme de la loi Veil : le délai d'IVG passe de 10 à 12 semaines de grossesse.

Y La proposition de loi de la députée Catherine Génisson concernant la levée de l'interdiction du travail de nuit des femmes est adoptée par le Parlement français.

Z Modification de la Constitution française pour y intégrer la notion de parité entre les hommes et les femmes.

L'ENFANT

Comme trois pommes

Dans l'article suivant certains mots ont été effacés : **déterminez-les**.

L'enfant, petit être aux grands besoins

L'enfant, comme tout être vivant, a des besoins .... Ceux-ci sont pourtant plus élevés dans les premières années de la vie. Un enfant a besoin d'une alimentation ...., notamment en fer, de dormir beaucoup et à heure régulière et surtout de ...., ce qui constitue la base de son ....

Il a ensuite un besoin de ...., dont la première instance est la .... C'est elle qui va, en premier lieu, l'accompagner dans sa découverte du ...., de la langue et des .... de vie en société, le tout à travers le jeu.

L'enfant a également un grand besoin de repères .... et éducatifs. L'affection, doublée de règles, de limites fermes essentielles à la .... de l'individu, lui permettra de se sentir en .... et d'avoir confiance.

Par la suite, les structures scolaires peuvent seconder la famille dans .... de l'enfant. En effet, en France .... n'est pas obligatoire, c'est l'instruction qui l'est. Aussi deux possibilités s'offrent aux parents ou .... légaux : prendre en charge l'instruction complète de leurs enfants, sous contrôle de l'............................ Nationale, et ce obligatoirement jusqu'à .... ans, ou en confier une partie à l'école, qui a l'avantage d'être l'instance de socialisation ....

Dans tous les cas les parents peuvent s'appuyer sur les .... de l'enfance, pour les aider dans les différentes étapes de la vie de leurs enfants mais aussi être guidés.

Le mot juste

Savez-vous **différencier** les notions suivantes ?

Adoption simple	Adoption plénière
Éducation	Instruction
Filiation	Affiliation
Enfant naturel	Enfant légitime

LES COMPORTEMENTS À RISQUES

Abus dangereux

Complétez les chiffres et statistiques suivants.

La cigarette

- En France, la moyenne d'âge de la première cigarette est de .... ans.
- Près de .... % des collégiens fument quotidiennement.
- À 17 ans, un sur .... est dépendant. D'après les estimations, le tabac est responsable de la mort d'un fumeur sur .... Il est également la cause de nombreux cancers.
- .... décès annuels sont attribuables au tabac.
- .... % des jeunes de 17 ans ont expérimenté la chicha.

Le cannabis

- Il s'agit de la .... substance illicite consommée.
- En moyenne, la première expérience du cannabis se situe vers .... ans.
- À douze ans, ... % des jeunes en ont déjà consommé.
- À dix-huit ans, ... % des garçons et .... % des filles en ont déjà fumé une fois.
- .... tonnes de cannabis ont été saisies dont .... tonnes d'herbe.

L'alcool

- L'alcool cause des problèmes d'ivresse chez les jeunes dès la classe de ....
- En France, près d'un jeune âgé de 17 ans sur dix a été ivre au moins .... fois au cours de l'année écoulée.
- En moyenne un français âgé de 15 ans et plus consomme .... litres d'alcool pur par an.
- .... décès par an sont attribuables à l'alcool.
- Le coût social de l'alcool s'élève à .... d'euros.

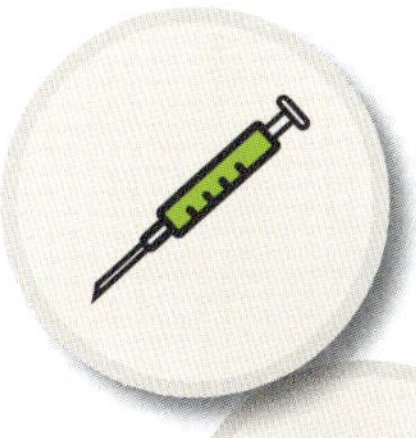

Les drogues dures

En France métropolitaine, parmi les 11-75 ans :

- .... millions ont expérimenté la cocaïne, dont .... usagers courants.
- .... million ont expérimenté la MDMA et/ou l'ecstasy dont .... usagers courants.
- .... ont expérimenté l'héroïne.

En 2016, ... tonnes de cocaïne ont été saisies.

Les médicaments et psychotropes

- .... boîtes de médicaments psychotropes remboursées par habitant âgé de 20 ans ou plus.
- .... % de la population remboursée de benzodiazépines (principe actif de la majorité des anxiolytiques et des somnifères) au moins une fois dans l'année.

Les relations sexuelles non protégées (voir aussi la fiche sur les IST)

- En France, l'âge moyen du premier rapport sexuel est de .... ans.
- .... % des jeunes ont une activité sexuelle avant 16 ans.
- Plus de .... mineures ont recours à l'interruption volontaire de grossesse chaque année.

Conduite routière dangereuse

- .... % des accidents graves sont dus à la vitesse.
- La vitesse multiplie par .... la distance de freinage.

LE HANDICAP

Qui suit qui ?

Reliez les termes et expressions aux bonnes définitions.

1. Selon la loi du 11 février 2005, dans son article 2, le handicap constitue
2. Le mot handicap est un terme regroupant
3. Selon la classification internationale des handicaps (CIH), le handicap est
4. L'Organisation Mondiale de la Santé (OMS) définit le handicap comme
5. L'incapacité ou l'inaptitude est
6. Le désavantage est
7. L'infirmité ou la déficience est
8. La prévention est
9. L'égalisation des chances
10. La réadaptation

a. « la difficulté ou l'impossibilité de réaliser des actes élémentaires physiques (se tenir debout, se lever...) ou psychiques (mémoriser)... »

b. la déficience (problèmes dans le fonctionnement et les structures du corps), la limitation d'activité et la restriction de la participation.

c. « toute limitation d'activité ou restriction de participation à la vie en société en raison d'une altération substantielle, durable ou définitive d'une ou plusieurs fonctions physiques, sensorielles, mentales, cognitives ou psychiques, d'un polyhandicap ou d'un trouble de santé invalidant ».

d. l'atteinte au corps (infirmités/déficiences), les difficultés ou impossibilités à réaliser les activités de la vie courante qui découlent de ces déficiences (incapacités/inaptitudes) et les problèmes sociaux qui en résultent (désavantages).

e. une altération d'une fonction psychologique, physiologique ou anatomique.

f. la conséquence des déficiences ou des incapacités et qui constitue une limitation ou une interdiction de l'accomplissement du rôle social normalement exercé par une personne en fonction de son âge, son sexe et des paramètres sociaux et culturels.

g. permet aux personnes handicapées d'atteindre et de préserver un niveau fonctionnel optimal du point de vue physique, sensoriel, intellectuel, psychique et social, et à les aider à acquérir une plus grande indépendance.

h. une restriction, partielle ou totale, de la capacité d'accomplir une activité de la façon ou dans les limites considérées comme normales pour un être humain.

i. l'ensemble des actions qui visent à empêcher les déficiences physiques, mentales ou sensorielles de survenir (prévention primaire) ou d'empêcher que ces déficiences n'entraînent une limitation fonctionnelle ou l'incapacité.

j. vise à porter à un niveau égal les besoins de tous les individus, et implique donc d'y répondre de la façon la plus adaptée.

TRAVAIL, CHÔMAGE, PRÉCARITÉ ET EXCLUSION

Mots codés

Découvrez la phrase mystère ci-dessous après avoir complété la grille de mots codés.

								3						
								11			9			
					10	1	11	11	8	12	10	5	1	11
								12			6			
								10			7			
								3			3			
	6	11	8	13	1	2	1	4	9		13			
								5			6			
7	10	1	5	3	10	6	9	1			12			
			8			16					2			
			4			1								
			9			4					5			
			10			9		15			17			
	E 1	M 2	A 3	N 4	C 5	I 6	P 7	A 3	T 9	I 6	O 8	N 4		
	18		9			9		13			2			
	5					1		8			3			
	13							10			14			
	12							6			1			
	11							11						
	6							3						
	8							9						
	4							6						
								8						
								4						

13	1		9	10	3	15	3	6	13		1	11	9	
12	4	1		6	4	11	9	3	4	5	1		16	1
11	8	5	6	3	13	6	11	3	9	6	8	4		
11	1	5	8	4	16	3	6	10	1					

IMMIGRATION, MULTICULTURALISME ET DISCRIMINATIONS RACIALES

Tous mélangés !

Retrouvez 10 termes relatifs à l'immigration, le multiculturalisme et les discriminations (tous les sens de lecture sont possibles).

A	Z	E	V	B	H	M	E	G	N	U	M	P	F	S	G	Q	J	J	A
G	R	U	J	E	C	N	K	M	A	D	F	A	V	O	I	R	N	A	P
B	A	D	X	T	C	A	V	E	N	K	L	M	D	R	N	S	E	D	Q
E	C	O	M	M	U	N	A	U	T	A	R	I	S	M	E	O	L	U	T
R	I	M	K	C	H	O	P	U	I	N	L	M	G	J	H	S	R	H	R
L	S	O	D	S	C	H	A	T	S	G	A	M	J	F	E	A	D	J	S
M	M	I	S	G	S	O	V	U	E	A	R	I	N	C	F	L	B	A	J
T	E	Y	T	J	E	R	A	I	M	G	R	G	K	S	W	U	S	H	R
X	F	Z	Y	B	R	S	N	L	I	E	E	R	D	J	R	P	Y	F	V
J	J	R	U	F	P	U	T	N	T	S	T	A	V	L	E	I	A	G	N
I	L	K	I	K	O	I	A	O	I	J	E	T	J	S	G	N	R	O	M
M	S	H	Y	A	U	N	G	U	S	E	L	I	C	F	U	O	I	F	F
O	D	D	J	C	K	T	D	D	M	U	C	O	D	S	L	T	V	S	U
S	E	U	F	G	K	E	N	G	E	N	Y	N	D	H	A	G	I	X	T
H	I	E	D	Y	J	G	R	E	H	A	A	S	E	N	R	R	H	H	M
D	B	U	T	C	H	R	E	N	S	M	B	H	I	P	I	A	U	K	K
E	O	B	K	N	E	A	L	O	K	O	F	M	J	F	S	S	D	L	H
N	H	Z	I	K	H	T	I	U	I	U	I	K	D	J	A	M	G	F	T
P	P	L	M	A	S	I	V	L	O	R	P	G	H	K	T	O	Y	E	S
M	O	U	P	M	T	O	A	A	C	G	O	F	K	G	I	T	V	X	E
G	N	K	J	K	G	N	L	S	M	J	I	A	N	F	O	A	S	V	F
K	E	U	G	Y	F	B	I	I	P	H	S	A	S	F	N	L	E	N	G
S	X	J	R	F	V	D	R	E	J	R	S	S	Z	I	W	I	Y	A	J
A	R	D	E	R	J	O	O	N	T	X	O	V	D	X	L	N	F	Q	R
N	V	N	B	D	S	R	M	N	F	A	N	M	H	N	W	E	H	P	V

LA PROTECTION SOCIALE EN FRANCE

QCM

1) La protection sociale désigne l'ensemble des mécanismes de prévoyance collective, permettant aux individus de faire face aux conséquences financières des risques sociaux.

☐ **a.** Vrai ☐ **b.** Faux

2) Sont qualifiés de risques sociaux :

☐ **a.** Les situations susceptibles d'engendrer une baisse de ressources ou une hausse des dépenses
☐ **b.** Les situations susceptibles de compromettre la sécurité économique de l'individu ou de sa famille
☐ **c.** La maladie et l'invalidité
☐ **d.** La maternité, la vieillesse, le chômage, etc...

3) Le régime général de la Sécurité sociale a été créé par l'ordonnance du 4 octobre :

☐ **a.** 1944 ☐ **b.** 1945 ☐ **c.** 1946 ☐ **d.** 1947

4) Quel est l'objectif de la création du régime général de la Sécurité sociale ?

☐ **a.** De pourvoir une protection sociale aux travailleurs et à leurs familles *via* des cotisations sociales proportionnelles aux salaires
☐ **b.** De généraliser la protection sociale à tous les individus résidents du territoire, qu'ils travaillent ou non

5) Quand a été créé le « minimum vieillesse », couverture du risque vieillesse garantissant à chacun une retraite minimale ?

☐ **a.** 1945 ☐ **b.** 1946 ☐ **c.** 1955 ☐ **d.** 1956

6) Que signifie CMU ?

☐ **a.** Certificat de mutuelle universelle
☐ **b.** Couverture maladie universelle
☐ **c.** Couverture militaire universalisée
☐ **d.** Certificat militaire universel

7) Quand a été créée la CMU ?

☐ **a.** Le 27 juillet 1979 ☐ **b.** Le 27 juillet 1989 ☐ **c.** Le 27 juillet 1999 ☐ **d.** Le 27 juillet 2009

8) La Sécurité sociale est composée de :

☐ **a.** Deux branches ☐ **b.** Trois branches ☐ **c.** Quatre branches ☐ **d.** Cinq branches

9) Il n'existe qu'un régime de Sécurité sociale, dit régime « général ».

☐ **a.** Vrai ☐ **b.** Faux

10) Que signifie RSI ?

☐ **a.** Régime social des indépendants
☐ **b.** Régime spécial des invalides
☐ **c.** Régime simple des immigrés

11) Quel organisme est chargé de prélever les cotisations finançant la Sécurité sociale auprès des individus ?

☐ **a.** L'Accoss ☐ **b.** La Cram ☐ **c.** L'Urssaf ☐ **d.** La CNSA

12) Quel organisme verse les prestations maladie, maternité, invalidité et décès aux bénéficiaires ?

☐ **a.** L'Accoss ☐ **b.** La Cram ☐ **c.** La CPAM ☐ **d.** La CNSA

LA PROTECTION SOCIALE EN FRANCE (SUITE)

13) Quel organisme a pour mission de s'occuper de la trésorerie nationale de la Sécurité sociale ?

☐ **a.** L'Accoss ☐ **b.** La Cram ☐ **c.** La CPAM ☐ **d.** La CNSA

14) Les allocations familiales sont versées aux bénéficiaires par :

☐ **a.** La CNAF ☐ **b.** La Caf ☐ **c.** La Cram ☐ **d.** La CPAM

15) Le système de la Sécurité sociale est financé par les cotisations des individus mais aussi par :

☐ **a.** La CSG et la CRDS
☐ **b.** Une contribution de solidarité versée par les entreprises publiques et privées
☐ **c.** Différentes taxes, notamment sur l'alcool et le tabac

16) Que signifie CSG ?

☐ **a.** Contribution simple générale
☐ **b.** Contribution spéciale globale
☐ **c.** Contribution sociale généralisée

17) Que signifie CRDS ?

☐ **a.** Contribution au remboursement de la dette sociale
☐ **b.** Contribution sur les revenus de solidarité
☐ **c.** Contribution régulière de la société

18) La CPAM, caisse primaire d'assurance maladie, peut verser aux bénéficiaires :

☐ **a.** Des prestations en espèces
☐ **b.** Des prestations en nature
☐ **c.** Des prestations en espèces et des prestations en nature

19) Les régimes complémentaires peuvent être :

☐ **a.** Une mutuelle
☐ **b.** Une institution de prévoyance
☐ **c.** Une caisse de retraite
☐ **d.** Une association de bienfaisance

20) L'aide sociale qui permet aux personnes d'au moins 60 ans et aux personnes handicapées une prise en charge partielle ou totale du financement d'une aide à domicile, du placement dans une structure adaptée ou d'une restauration alimentaire notamment est :

☐ **a.** L'AME ☐ **b.** L'Apa ☐ **c.** Le RSA

21) Quel dispositif de financement est entré en vigueur le 1er juin 2009 ?

☐ **a.** Le RMI ☐ **b.** L'Api ☐ **c.** Le RSA

22) Les salariés qui dépendent du régime général de l'assurance vieillesse doivent cotiser en parallèle à un organisme de retraite complémentaire.

☐ **a.** Vrai ☐ **b.** Faux

23) Quelles sont les missions de la Caf ?

☐ **a.** Permet aux familles nombreuses issues du milieu populaire de bénéficier d'une aide alimentaire
☐ **b.** Aide financière adressée aux familles issues du milieu populaire pour subvenir aux besoins de leurs enfants
☐ **c.** Verse aux particuliers des aides financières à caractère familial ou social dans les conditions déterminées par la loi

LAÏCITÉ ET LIBERTÉ DE CROYANCE

Idées croisées

Horizontal

1. La Déclaration des Droits de l'Homme et du Citoyen affirme que « nul ne doit être inquiété pour ses ...., mêmes religieuses, pourvu que leur manifestations ne trouble pas l'ordre public ».
2. En France, la liberté de croyance et la liberté d'............................. sont deux principes fondamentaux.
3. Selon la Convention européenne des droits de l'homme et des libertés fondamentales, « *toute personne a droit à la liberté de pensée, de conscience et de réflexion ; ce droit implique la liberté de changer de religion ou de ...., […].* »
4. D'après la Constitution du 4 octobre 1958, l'État « assure l'égalité devant la loi des citoyens sans distinction d'........................., de race ou de religion ».
5. Regroupement de croyants autres que religieux.
6. Ce terme d'origine latine désigne en l'observance d'un ensemble de règles, ce qui attache ou retient, le lien moral ou encore l'inquiétude de conscience.

Vertical

7. Religion qui ne reconnaît qu'un seul dieu.
8. La loi de 1905 proclame la séparation de l'............................. et de l'État.
9. Qui reconnaît plusieurs dieux.
10. Nom du rapport qui a proposé l'interdiction de « tenues et signes manifestant une appartenance religieuse ou politique » à l'école publique.
11. Nom de la mission interministérielle qui observe et analyse le phénomène sectaire.
12. « Liberté, ..., fraternité ».

Les évolutions du monde actuel

LA MONDIALISATION

Association d'idées

Reliez ensemble les mots et concepts avec leurs définitions.

- **a** La mondialisation
- **b** L'internationalisation
- **c** La transnationalisation
- **d** La globalisation

1. C'est l'essor des flux d'investissement et des implantations à l'étranger.
2. Il s'agit d'un phénomène d'expansion, amorcée dans les années 1990, qui se traduit par des liens d'interdépendance entre les nations, les systèmes politiques et les activités humaines à l'échelle mondiale.
3. C'est le développement des flux d'exportation.
4. Elle passe par la mise en place de réseaux mondiaux de production et d'information, notamment les NTIC (Nouvelles Technologies d'Information et de Communication).

Pour ou contre

La mondialisation entamée depuis un bon nombre d'années, a quelque peu accompagné naturellement l'histoire du monde et a indéniablement participé aux grands progrès du siècle écoulé. Cependant ces dernières années ont été marquées par de nombreux évènements qui en montrent aussi les conséquences néfastes.

Saurez-vous identifier les répercussions de la mondialisation ?
Donnez-en 5 avantages et 5 inconvénients.

AVANTAGES	INCONVÉNIENTS

AIDE HUMANITAIRE

Solidaires

1) Quel texte a marqué une étape essentielle de l'approche humanitaire dans le monde ?

☐ **a.** La Convention de Genève
☐ **b.** La Déclaration Universelle des Droits de l'Homme
☐ **c.** La Constitution

2) Que signifie le mot « humanitaire » ?

☐ **a.** Actions au profit de l'Homme
☐ **b.** Mises en œuvre humainement possibles
☐ **c.** Qui s'intéresse au bien de l'humanité

3) Quel mouvement fut créé en 1863 par Henri Dunant ?

☐ **a.** L'Armée du Salut ☐ **b.** Les Casques Bleus ☐ **c.** La Croix Rouge ☐ **d.** Les Restos du Cœur

4) Parmi les organismes suivants lesquels ont pour vocation d'intervenir dans le cadre de l'aide humanitaire ?

☐ **a.** Save the Children
☐ **b.** International Rescue Committee
☐ **c.** Catholic Relief Service
☐ **d.** L'Organisation des Nations-Unies

5) Qu'est-ce qu'une ONG ?

☐ **a.** Une organisation non gouvernementale
☐ **b.** Un organisme nationalement géré
☐ **c.** Une organisation nomade du gouvernement

6) Parmi les organisations suivantes, lesquelles sont des ONG ?

☐ **a.** La SPA
☐ **b.** Amesty International
☐ **c.** La Croix Rouge
☐ **d.** La FAO

7) Qu'est-ce que le principe de non-ingérence ?

☐ **a.** C'est le droit des peuples à disposer d'eux-mêmes
☐ **b.** C'est le fait pour, un pays, de déterminer son régime politique sans influence d'un pays étranger
☐ **c.** C'est un principe d'autodétermination

8) Dans quel texte le principe de non-ingérence est-il mentionné ?

☐ **a.** La Déclaration Universelle des Droits de l'Homme
☐ **b.** La Constitution française
☐ **c.** La Charte des Nations Unies

9) Quel organisme d'aide humanitaire a été fondé par Bernard Kouchner et Xavier Emmanuelli ?

☐ **a.** La Croix-Rouge
☐ **b.** Médecin Sans Frontière
☐ **c.** International Rescue Committee
☐ **d.** Save The Children

LES NTIC

QCM

1) En moyenne, un Français passe quotidiennement :

- ☐ **a.** 1 h 30 devant son téléviseur
- ☐ **b.** 2 h 45 devant son téléviseur
- ☐ **c.** 3 h 45 devant son téléviseur
- ☐ **d.** 4 h 30 devant son téléviseur

2) Combien y a-t-il d'utilisateurs Internet dans le monde ?

☐ **a.** 700 000 ☐ **b.** 2 000 000 ☐ **c.** 3 500 000 ☐ **d.** 1 000 000 000

3) Parmi ces sigles, lequel fait référence à la loi sur le téléchargement illégal ?

☐ **a.** ADOKI ☐ **b.** AZERTY ☐ **c.** HADOPI ☐ **d.** NTIC

4) Parmi ces comportements déviants, lesquels peuvent être engendrés ou alimentés par Internet ?

☐ **a.** Pédophilie ☐ **b.** Anorexie ☐ **c.** Xénophobie ☐ **d.** Toxicomanie

5) Combien de temps par mois en moyenne les utilisateurs de téléphone mobile passent-ils à téléphoner ?

☐ **a.** 1 h 30 ☐ **b.** 2 h 30 ☐ **c.** 3 h 30 ☐ **d.** 4 h 30

6) Combien de messages écrits envoie en moyenne par mois un détenteur de téléphone portable ?

☐ **a.** 19 SMS ☐ **b.** 29 SMS ☐ **c.** 39 SMS ☐ **d.** 49 SMS

7) Comment appelle-t-on la disparité d'accès aux technologies de l'information et de la communication ?

- ☐ **a.** Fossé des télécommunications
- ☐ **b.** Défaillance du réseau
- ☐ **c.** Cassure de connexion
- ☐ **d.** Fracture numérique

8) Que désigne le sigle NTIC ?

- ☐ **a.** Nouvelles Techniques d'Informations et de Communications
- ☐ **b.** Nouveaux Terminaux de l'information et du commerce
- ☐ **c.** Nouvelles Technologies de l'Information et de la Communication
- ☐ **d.** Normes techniques industrielles et commerciales

9) Quel pourcentage d'internautes a fréquenté les réseaux sociaux (Facebook, MySpace, Twitter, Viadeo, ...) au cours des 30 derniers jours ?

☐ **a.** 54 % ☐ **b.** 34 % ☐ **c.** 64 % ☐ **d.** 44 %

Tests psychotechniques

APTITUDES NUMÉRIQUES

APTITUDES NUMÉRIQUES

Combinaison

Dans votre journée d'infirmier, vous devrez :

- Aller voir vos patients
- Passer une commande de médicaments
- Faire un compte rendu à votre supérieur
- Prévoir une réunion avec vos collaborateurs
- Établir un planning de garde

Il n'y a pas de priorité entre ces tâches à réaliser. De combien de manières différentes pouvez-vous organiser votre journée ?

Pourcentage

En début d'année le prix d'un médicament a diminué de 9 €, avant d'être multiplié par 2. En cours d'année son prix a augmenté de 20 % après que le laboratoire a décidé de retrancher 2 €. En fin d'année une remise de 50 % est appliquée, le prix est alors de 24 €. Quel était son prix de départ ?

Proportionnalité

Le 1er janvier 2002, l'Euro prend la place du Franc comme monnaie du pays. 1 € vaut 6,55957 F, mais il est plus facile d'utiliser l'approximation suivante :
15 € ≈ 100 F. Ce n'est pas le seul changement de monnaie que la France ait connue. En effet, le 1er janvier 1960 le nouveau Franc remplace l'ancien Franc. 1 nouveau Franc correspondait à 100 anciens Francs.
En utilisant l'approximation de conversion entre Euros et Francs, combien vaudrait aujourd'hui un objet vendu 1 500 000 anciens Francs ?

Volume

Un tube à essai de 2 cm de diamètre a la forme d'un cône surmonté d'un cylindre. Le cylindre fait 8 cm de haut, soit un tiers de plus que la hauteur du cône. Quel est le volume de ce tube à essai (arrondi au 10e) ?

Équation

Un plan de travail carré de 3 m de côté doit être intégré dans une pièce rectangulaire dont la longueur est le double de la largeur. Quelle est la longueur de cette pièce sachant que l'aire du plan de travail fait la moitié de celle de la pièce ?

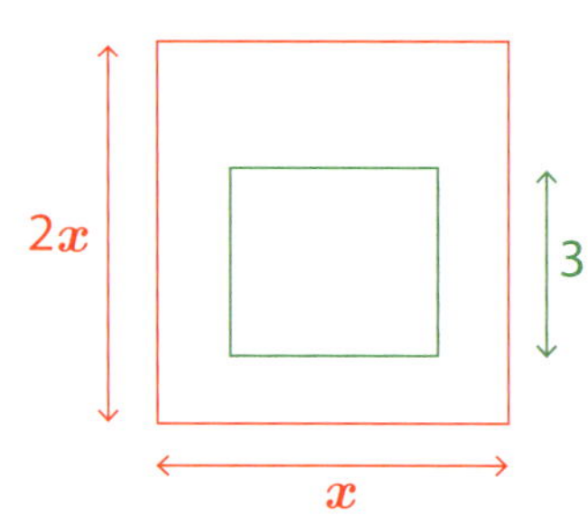

Géométrie

Entre deux arbres distants de 10 m, on attache une corde à 2 m du sol. Quelle doit être la longueur de cette corde pour qu'elle touche le sol lorsqu'on la tire en son milieu ?

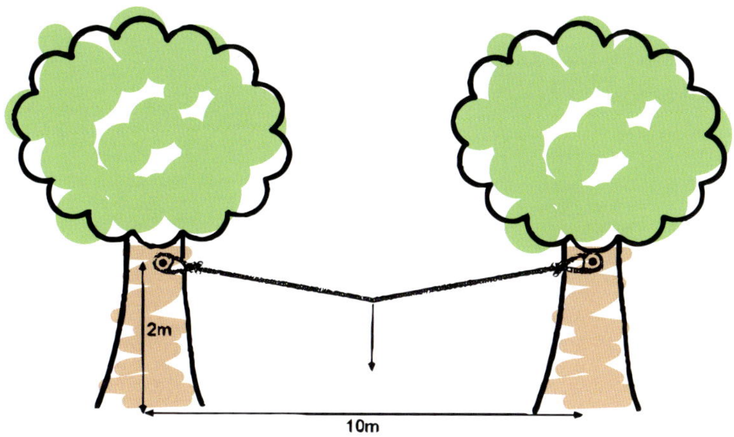

Combinaison

Le responsable de la pharmacie est malencontreusement parti en oubliant de vous donner le code de l'armoire à médicaments. Celui-ci se compose d'une lettre suivie de 3 chiffres. Sachant qu'il faut environ 3 secondes pour composer un code, combien d'heures/minutes vous faudrait-il, au maximum, pour trouver le code du cadenas ?

Vitesse / distance / temps

Kathy, infirmière à l'hôpital, commence son travail à 8 h du matin. Pour se rendre sur place elle doit prendre successivement 3 transports en commun.

- Un bus qui roule à une moyenne de 20 km/h sur 12 km.
- Un TER pendant 22 minutes.
- Un métro qui parcourt 3 km à une vitesse moyenne de 60 km/h.

En tenant exclusivement compte du temps de transport, à quelle heure (au plus tard) Kathy doit quitter son domicile ?

Échelle

A) Sur le mur de votre bureau est représenté un plan de l'hôpital à l'échelle 1/500. Sur le plan, l'hôpital fait 20 cm de long, quelle est sa longueur réelle ?
B) Une bactérie de diamètre réel de 0,0005 mm est vue au microscope avec une échelle de 6000/1. Quelle est la longueur apparente de la bactérie dans le microscope ?

Probabilité

Dans un placard sont disposées 6 blouses blanches, 4 blouses vertes et 2 blouses bleues. Chaque matin vous choisissez au hasard une blouse sans savoir à l'avance sa couleur. Dans un second placard sont disposés 6 pantalons blancs et 6 pantalons verts.

A) Quelle est la probabilité que vous choisissiez un pantalon blanc ?

B) Quelle est la probabilité que vous choisissiez une blouse de couleur ?

C) Si vous choisissez au hasard une blouse dans le 1er placard et un pantalon dans le second, avez-vous plus de chances que votre tenue soit assortie ou non assortie ?

Quantité de sucre

En moyenne le corps humain est composé de 8 % de sang. La glycémie (quantité de sucre contenue dans le sang) normale d'un adulte est d'environ 0,8 g/L de sang.
Pour un adulte de 70 kg, la quantité de sucre contenue dans son corps est équivalent à :

A) un grain de sucre d'environ 0,7 cg
B) un morceau de sucre de 0,05 hg
C) une boite de sucre de 8 000 dg
D) un sac de sucre de 600 dag

Rondes

Au service de soins intensifs d'un hôpital, il y a 3 chambres (A, B et C). Dans la chambre A, une infirmière doit passer toutes les 8 minutes, dans la chambre B toutes les 18 minutes et dans la chambre C toutes les 24 minutes. Chaque matin 3 infirmières commencent en même temps leurs gardes à 8 h, chaque infirmière s'occupe d'un seul patient. À quelle heure les 3 infirmières passeront-elles à nouveau ensemble voir les patients ?

Bonne dose

Selon les prescriptions du médecin, vous devez donner un médicament à un patient à raison de 5 ml par kg, par jour en 3 prises. Ce médicament se présente sous forme d'ampoule de 20 ml. Combien d'ampoules donneriez-vous par prise à un patient de 60 kg ?

Grains de riz

Sachant que la masse d'un grain de riz est de 0,2 gramme, combien de grains contient un paquet d'un kilo de riz ?
Un grain de riz mesure en moyenne 8 mm. Quelle longueur obtient-on si on met bout à bout tous les grains de riz contenus dans un paquet d'un kilo ?

A) une voiture
B) un autocar
C) un avion
D) un TGV avec 10 wagons

Mise en équation

Si une maman ajoute à son âge celui de son fils qu'elle a eu à 30 ans, elle trouve 98. Quel est l'âge de la mère ?

Volume

Dans un aquarium parallélépipédique dont la base fait 1 500 cm² et contenant 10,5 litres d'eau, on plonge une boule d'un volume de 1,5 litre. De combien de cm l'eau va-t-elle monter ?

Système

Sont posés devant vous 208 dossiers répartis en 2 piles : les dossiers traités et les dossiers à traiter.
Si dans votre journée vous traitez 26 dossiers, les deux piles sont alors équivalentes.
Combien avez-vous de dossiers à traiter en début de journée ?

PGCD

Dans le service maternité vous disposez de 720 couches et 400 bouteilles de lait.
Vous souhaitez distribuer au plus grand nombre possible de mamans des lots identiques contenant des couches et des bouteilles de lait, sachant qu'à la fin il ne doit rien vous rester. Combien de mamans vont recevoir le lot ? De quoi sera-t-il composé ?

Distribution proportionnelle

3 infirmiers de 20, 30 et 42 ans se partagent les 184 visites à effectuer ce jour de façon proportionnelle à leurs âges. Déterminez combien chacun d'eux devra effectuer de visites.

Concentration

Une solution de glucose est diluée à 25 g/L. Quel volume de cette solution doit-on prélever pour obtenir 50 mg de glucose pur ?

TVA

Un soin coûte 158,40 € TTC. Avec un taux de TVA à 20 %, quel est le montant de cette TVA ?

Débit

Une perfusion est réglée à un débit de 30 gouttes par minute. Combien faudra-t-il de temps pour administrer 0,5 dm^3, sachant que 180 gouttes = 1 cl ?

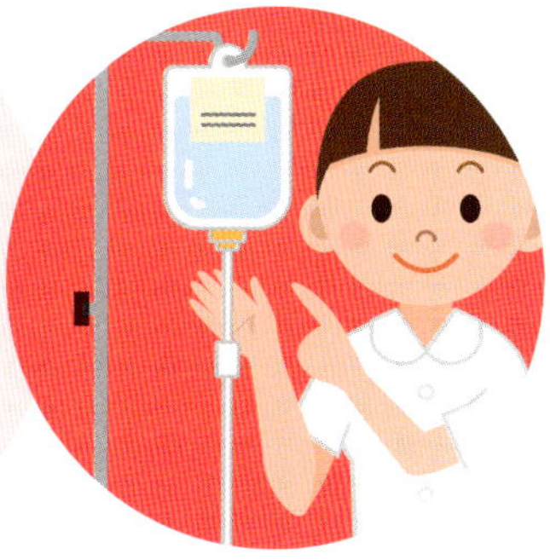

ORGANISATION

ORGANISATION

La bataille navale

Dans la grille ci-dessous vous devez positionner 1 porte-avion, 1 porte-hélicoptère, 2 frégates et 1 sous-marin. Cependant il faudra respecter les règles suivantes :

- Un sous-marin occupe une seule case, une frégate 2 cases, un porte hélicoptère 3 cases et un porte-avion 4 cases ;
- Les navires ne peuvent être positionnés qu'horizontalement ou verticalement, mais pas en diagonale ;
- Deux navires ne peuvent pas se toucher, même diagonalement ;
- Le nombre de segments de navires présents dans chaque ligne et colonne est indiqué par les chiffres en bas et à droite du tableau ;
- Pour vous aider à la résolution vous disposez de deux indices : la case A1 est vide, alors que la A3 est occupée.

	A	B	C	D	E	F	
1							1
2							1
3							4
4							1
5							2
6							3
	4	0	3	1	3	1	

PORTE-AVION
PORTE-HÉLICOPTÈRE
FRÉGATE
SOUS-MARIN

Chacun sa place

Dans le tableau ci-contre, chaque ligne et chaque colonne contiennent un cœur, une étoile, une goutte et deux cases vides. Vous devez compléter le tableau ci-contre en respectant les consignes suivantes :

- Le symbole en début de ligne indique qu'il est le premier dans cette ligne ;
- Le symbole en haut de colonne indique qu'il est le premier dans cette colonne ;
- Le symbole en fin de ligne indique qu'il est le dernier dans cette ligne ;
- Le symbole en bas de colonne indique qu'il est le dernier dans cette colonne.

À noter que le premier symbole peut être précédé d'une ou de plusieurs cases blanches, le dernier symbole peut être suivi d'une ou de deux cases blanches, les symboles peuvent être séparés par une ou plusieurs cases blanches.

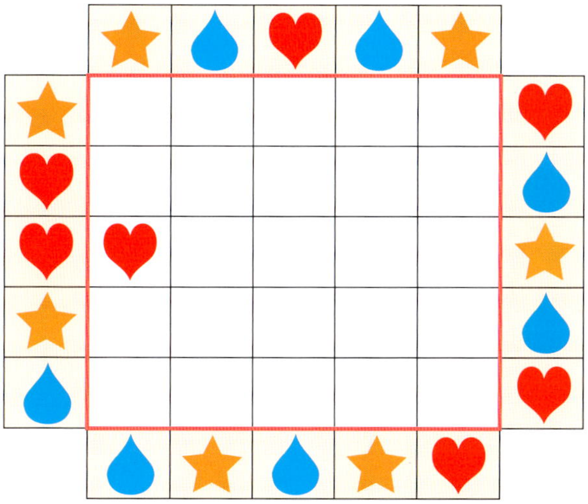

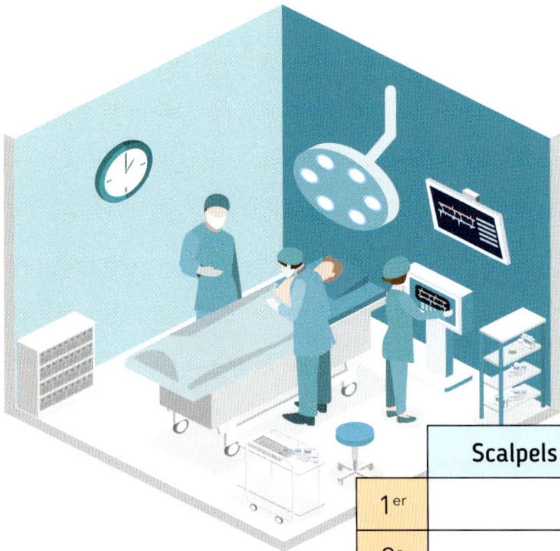

La préparation du bloc

Lors d'une intervention chirurgicale, vous apportez les éléments nécessaires à l'opération. D'après les indications ci-dessous retrouvez l'ordre dans lequel les objets ont été apportés.

1) Vous apportez les gants juste avant les compresses et juste après les médicaments.
2) Les scalpels sont apportés avant les seringues, mais pas juste avant.
3) Vous n'apportez pas les gants en deuxième.

	Scalpels	Compresses	Médicaments	Seringues	Gants
1er					
2e					
3e					
4e					
5e					

Poupées

Au service pédiatrie de votre hôpital, 5 poupées ont été égarées par 5 enfants. Avec l'aide des indices ci-dessous, pourrez-vous retrouver quelle poupée appartient à Amandine, Aurélie, Elodie, Eloïse et Violaine. Pour chacune d'elle vous devrez préciser :

- Ce qu'elle porte sur la tête : une barrette, un chouchou, une fleur, un nœud ou un serre tête ;
- La couleur de ses yeux : bleu, gris, marron, noir ou vert ;
- Le type de vêtement : jupe, pantalon, robe, salopette ou tutu ;
- Son accessoire : une baguette magique, un biberon, une brosse à cheveux, un stéthoscope ou une sucette.

1) La poupée à droite de celle de Violaine n'a pas de sucette.
2) La poupée d'Aurélie se trouve entre celle de Violaine et celle d'Amandine, elle n'a pas de biberon.
3) La poupée à gauche de celle d'Élodie a les yeux noirs et une brosse à cheveux à la main.
4) Les poupées situées aux extrémités n'ont pas de barrettes, mais la plus à gauche a une sucette, l'autre un stéthoscope.
5) La poupée d'Élodie a les yeux marron et porte un pantalon. En revanche, elle n'a pas de barrettes.
6) Les poupées d'Amandine, de Violaine et celle qui porte une robe ne se trouvent pas aux extrémités.
7) Violaine a mis un serre-tête dans les cheveux de sa poupée et lui a mis une salopette.
8) La poupée située entre celle d'Éloïse et celle d'Aurélie a des fleurs dans les cheveux et ses yeux sont gris.
9) La poupée à gauche de celle d'Amandine a les yeux verts et ne porte pas de jupe.

GAUCHE DROITE

1 Amandine
2 Aurélie
3 Élodie
4 Éloïse
5 Violaine

À chaque ville son centre médical

Dans le plan ci-dessous, à proximité de chaque ville il y a un centre médical. Vous devez les positionner en respectant les contraintes suivantes :

- Le nombre de centres médicaux dans chaque ligne et colonne est indiqué par les chiffres en haut et à gauche du plan ;
- Chaque centre médical est collé horizontalement ou verticalement à une ville (mais pas diagonalement) ;
- Chaque ville n'a qu'un seul centre médical ;
- Deux centres médicaux ne peuvent pas être côte à côte (horizontalement ou verticalement) et un centre ne peut se trouver dans la case d'une ville.

Services à la personne

Au titre des services à la personne qui vous sont rendus à votre résidence principale ou secondaire située en France, vous pouvez bénéficier d'une réduction ou d'un crédit d'impôt sur le revenu.

La réduction d'impôt vient en déduction de l'impôt. Dans le cas où le montant de la réduction d'impôt est supérieur au montant de l'impôt, il ne peut y avoir de remboursement : votre impôt est donc ramené à 0 €. Contrairement à la réduction d'impôt, si le crédit d'impôt est supérieur au montant de l'impôt, le surplus (ou la totalité si vous n'êtes pas imposable) donne lieu à remboursement par la Direction Générale des Finances Publiques.

Sont éligibles à la réduction/crédit d'impôt toutes personnes exerçant une activité professionnelle, en recherche d'emploi ou en formation. Ne sont pas éligibles au crédit d'impôt (donc uniquement à la réduction) les personnes sans activité (non inscrites sur les listes de Pôle Emploi) ou les retraités.

Les activités de services à la personne éligibles à la réduction/crédit d'impôt sont : la garde d'enfants, le soutien scolaire, l'assistance aux personnes âgées ou handicapées, le ménage, le petit bricolage, le petit jardinage, l'assistance informatique et l'assistance administrative.

Le montant de la réduction/crédit d'impôt est égal à 50 % des dépenses totales annuelles supportées par le foyer. Cependant il existe un plafond des dépenses totales annuelles. Il s'agit de 12 000 € majorés de 1 500€ par enfants à charge dans la limite de 15 000 €. Toutes dépenses au-delà de ces plafonds ne donnent droit à aucune réduction ou déduction d'impôt.

Certaines dépenses liées aux activités éligibles à la réduction/crédit d'impôt sont plafonnées. Il s'agit des prestations de petit bricolage, limitées à 500 €/an, les prestations d'assistance informatique limitées à 3 000 €/an et les prestations de petit jardinage limitées à 5 000 €/an. Toutes les autres activités ne possèdent pas de limitations spécifiques.

Voici ci-dessous 4 familles qui emploient un ou plusieurs intervenants au titre des services à la personne. En fonction de la situation familiale et des conditions énoncées, calculez pour chacune d'elles :

- le montant de la réduction d'impôt dont elle va bénéficier ;
- le montant du crédit d'impôt dont elle va bénéficier.

A) M. et Mme Stingray sont respectivement vendeur et professeur. Le montant de leurs impôts est de 3 000 €. Ils n'ont pas d'enfants et ont employé cette année un informaticien pour un montant de 3 500 €.

B) M. et Mme Durval sont retraités et non imposables. Ils ont 3 enfants. Ils ont employé cette année un assistant aux personnes âgées pour un montant de 500 € et un bricoleur qui leur a facturé 1 000 € de prestations.

C) M et Mme Penalty sont respectivement retraité et sans emploi (non inscrit sur les listes de Pôle Emploi). Ils ont 4 enfants et règlent 9 000 € d'impôts annuels. Ils emplois mensuellement un assistant au ménage pour un montant de 700 € et un jardinier à 400 €. De plus ils ont bénéficié de 3 000 € d'assistance informatique et 4 000 € d'assistance aux personnes âgées.

D) Mme Jacot est avocate. Elle paie 5 000 € d'impôts annuels. Elle a 3 enfants à charge dont deux ont reçu pour 1 000 € de soutien scolaire chacun. Le 3e a bénéficié de la garde d'enfant pour un montant de 7 000 €. De plus, Mme Jacot a employé un jardinier pour un montant de 10 000 €. Enfin, Mme Jacot doit s'acquitter de deux factures de 1 000 € chacune pour du bricolage.

Domino inconnu

La bonne combinaison

Cercle complet

Belote...

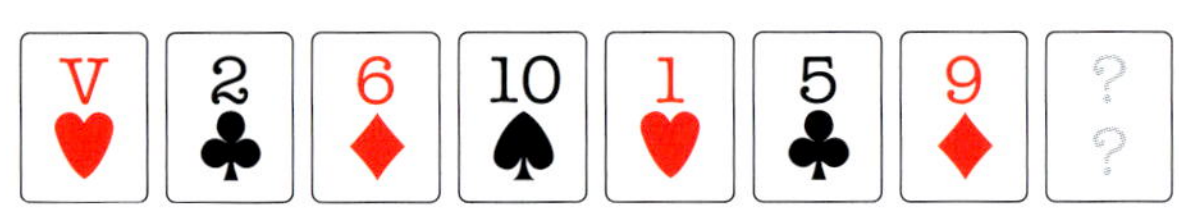

...Et rebelotte

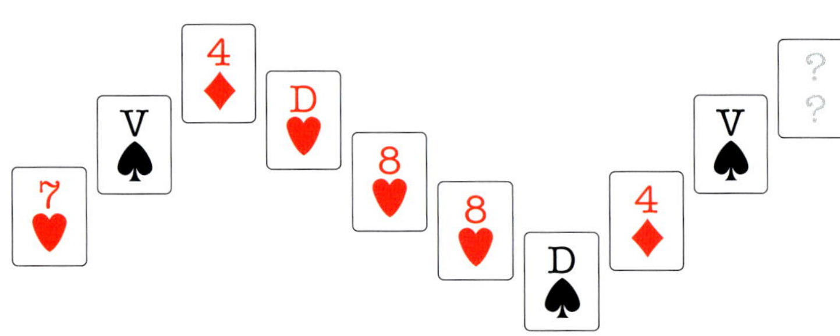

Juste milieu

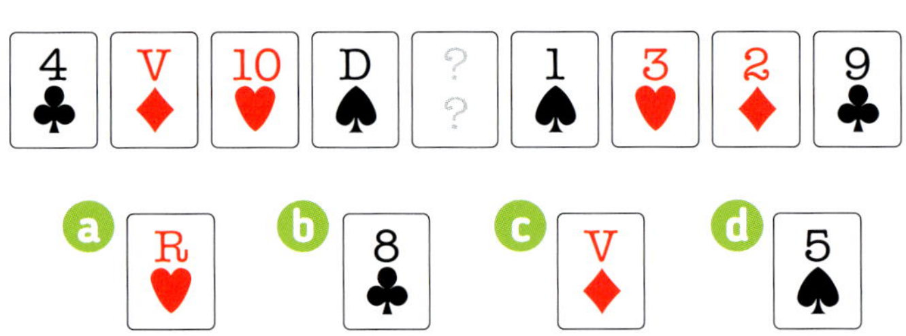

Mastermind

4	9	6	1	1 chiffre bien placé
6	3	1	7	1 chiffre bien placé et 1 chiffre mal placé
8	0	6	4	2 chiffres mal placés
5	4	8	7	1 chiffre bien placé
?	?	?	?	

Toujours plus dur

A	B	C	D	E	5 lettres mal placées
B	A	E	C	D	2 lettres bien placées et 3 lettres mal placées
D	E	B	C	A	5 lettres mal placées
E	D	B	A	C	1 lettre bien placée et 4 lettres mal placées
C	D	E	A	B	5 lettres mal placées
?	?	?	?	?	

Ça tourne en rond

Complétez la case manquante en fonction de la logique.

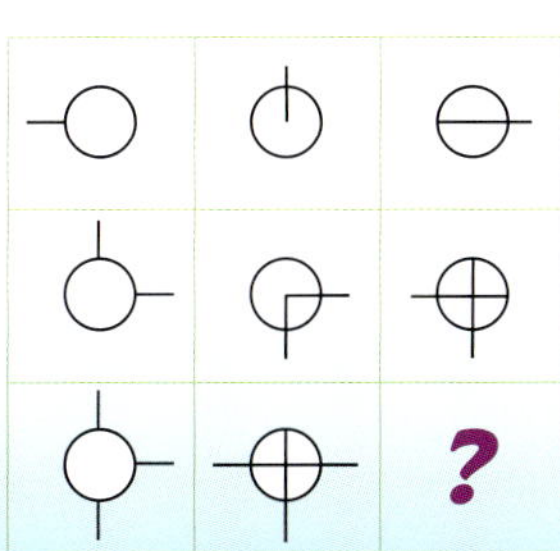

Carrelé

Complétez la case manquante en fonction de la logique.

Équilibre sphérique

Trouvez le chiffre manquant en fonction de la logique.

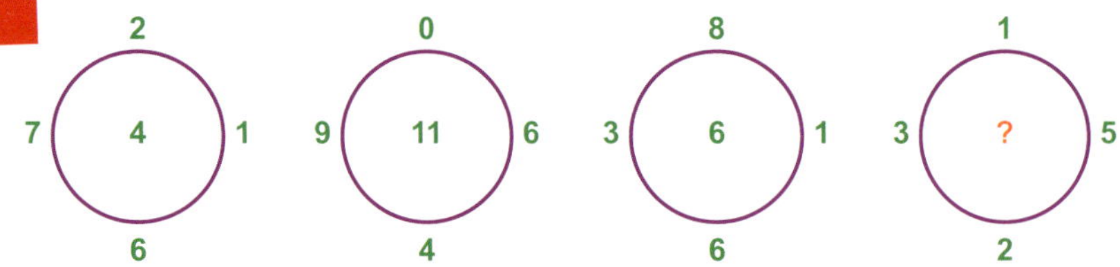

Bon pliage

Si on plie la feuille en deux selon la ligne verticale montrée par la flèche, quel est le dessin obtenu ?

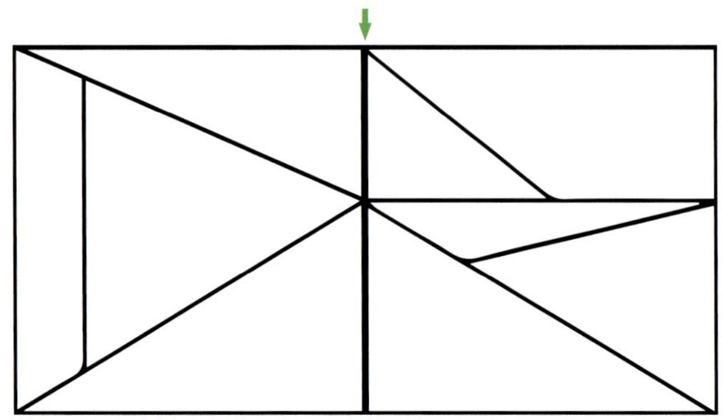

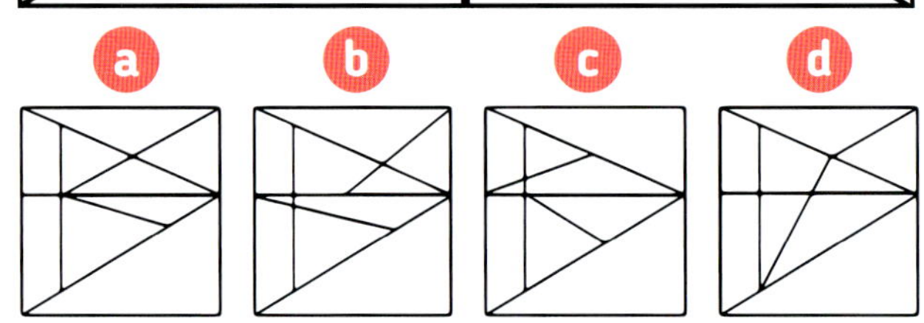

Orientation maritime

D'après les informations suivantes, déterminez la case d'arrivée du marin.

1SE • 3O • 2N • 1NE

Déduction logique

Complétez l'analogie.

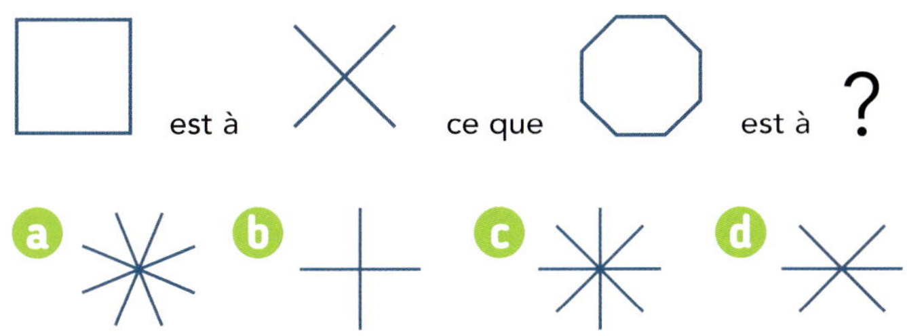

Géométrie variable

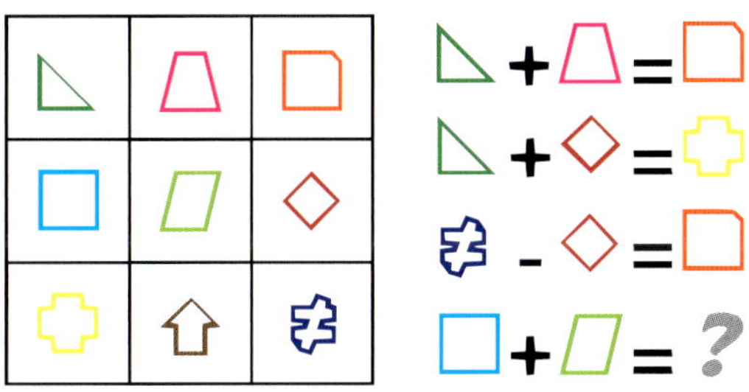

Puzzle

Trouvez la pièce manquante.

À la queue leu leu

Complétez la suite.

2	5	12	27	58	121	?

Perdu en route

Complétez la suite.

1	8	27	?	125	216	343

Quel est l'intrus ?

A ▸ 38 ; 24 B ▸ 12 ; 4 C ▸ 98 ; 72 D ▸ 25 ; 10 E ▸ 42 ; 8 F ▸ 53 ; 15

Patrons

Ci-dessous vous est présenté un dé de deux façons différentes. Quel(s) patron(s) correspond(ent) à ce dé ?

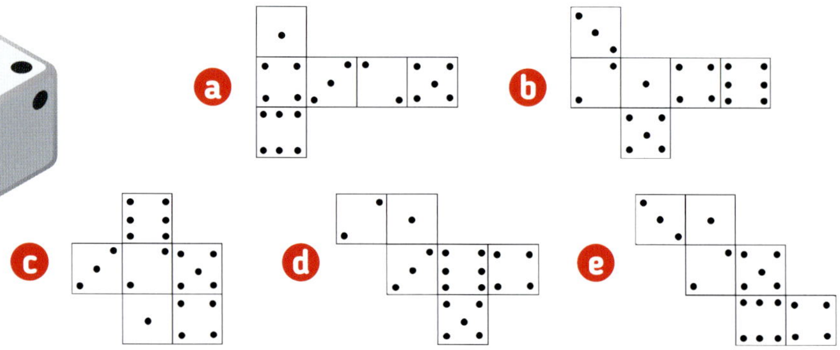

Code secret

Si **boule** correspond à **4 17 23 14 7** et **bruit** à **4 20 23 11 22** alors à quoi correspond **chien** ?

Rapports codés

D6F est à **G11Z** ce que **L1X** est à ?

Compléter

Poison est à **antidote** ce que **bactérie** est à ?

- [ ] a. Médicaments
- [ ] b. Vaccin
- [ ] c. Antibiotiques
- [ ] d. Perfusion

OBSERVATION

OBSERVATION

Que s'est-il passé ?

Dans cet exercice on vous présente deux figures identiques. La seconde est issue de la transformation de la première. En vous aidant des exemples ci-contre, retrouvez pour chaque dessin quelles transformations a subies la figure.

Indices

par une rotation de 90° dans le sens horaire, symbolisée

par une rotation de 90° dans le sens antihoraire, symbolisée

par une symétrie horizontale, symbolisée

par une symétrie verticale, symbolisée

1. 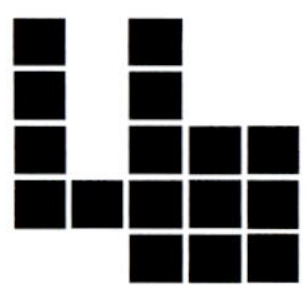 donne 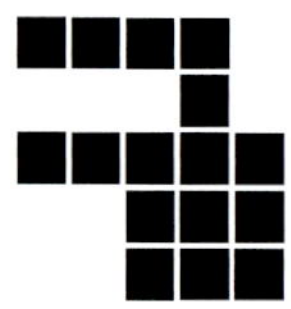 par

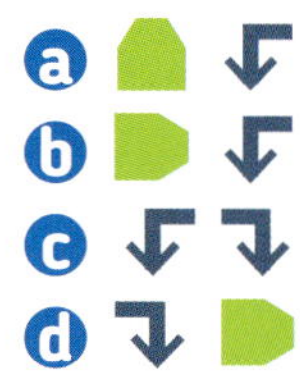

2. 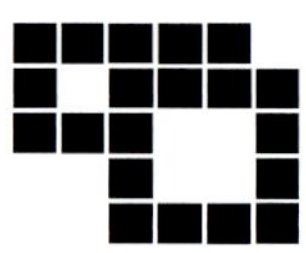 donne 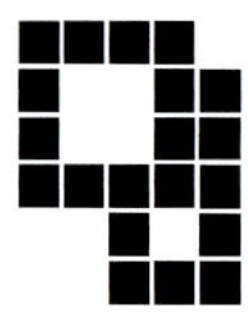 par

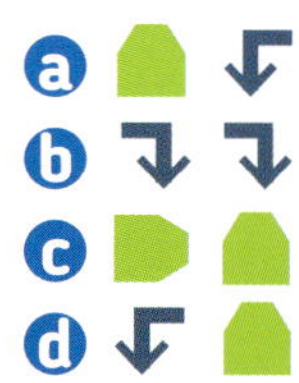

3. 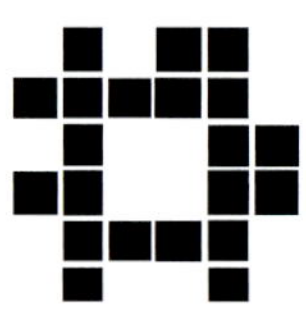 donne 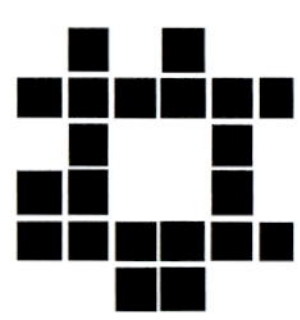 par

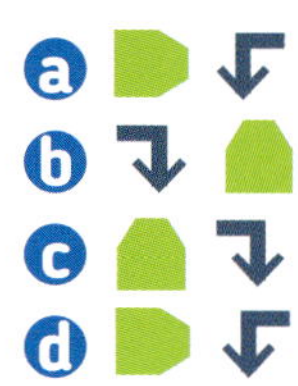

4.  donne  par

5. 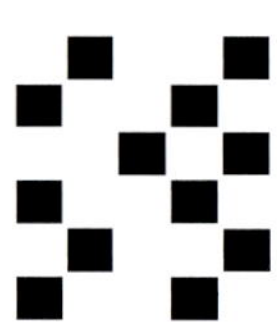 donne 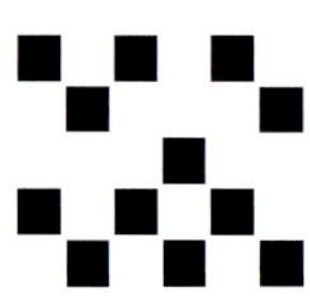 par

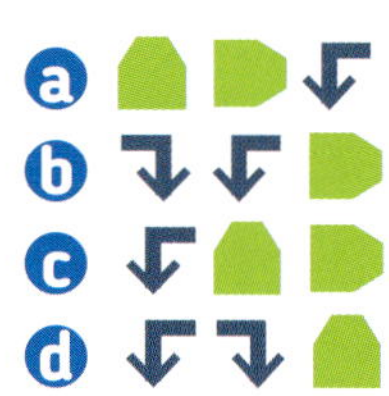

Jusqu'où irons-nous ?

Pour chaque dessin ci-dessous, trouvez la réponse qui correspond aux transformations qui vous sont imposées.

1.
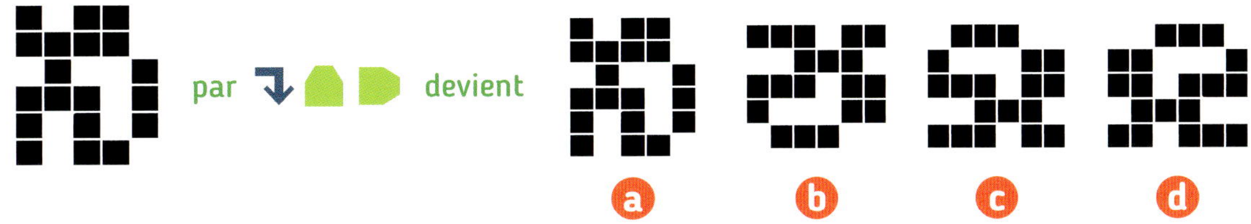

2.
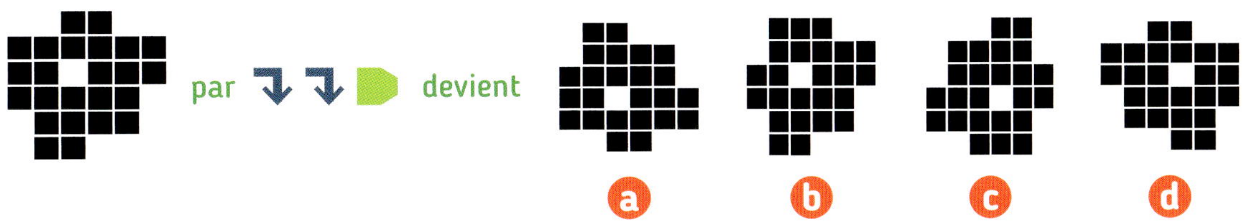

3.

4.

5.

Plus fort que Sherlock Holmes ?

Trouvez l'intrus.

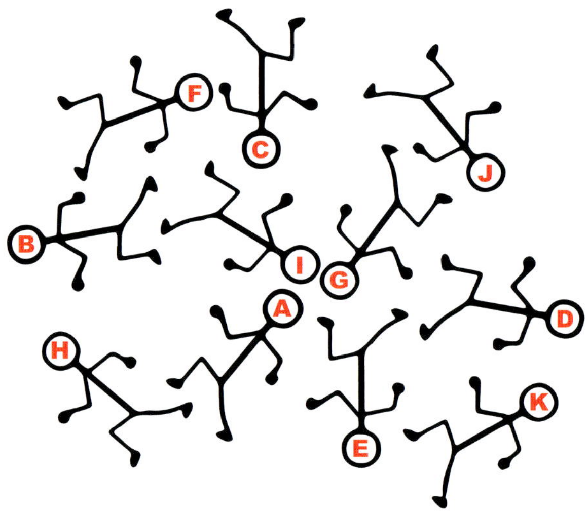

Énigme cachée

Quelle phrase peut-on lire une fois le cache appliqué ?

Y	H	G	F	C	X	W	A	R	S	Q	P	M	L	K	J	B
L	D	E	A	T	R	F	A	C	R	V	A	T	I	E	S	L
O	L	K	J	N	B	G	T	R	F	D	E	Z	V	C	J	N
P	L	O	C	H	T	E	W	S	C	Q	T	E	A	I	O	U
O	K	J	U	J	H	G	F	D	R	T	B	V	C	X	L	P
R	L	S	E	Z	A	S	V	S	A	B	N	T	D	E	E	R
U	Y	T	F	D	S	J	N	M	P	O	A	C	Y	T	R	D

Déchiffrer les hiéroglyphes

Parmi les hiéroglyphes ci-dessous retrouvez celui qui n'est présent qu'une seule fois.

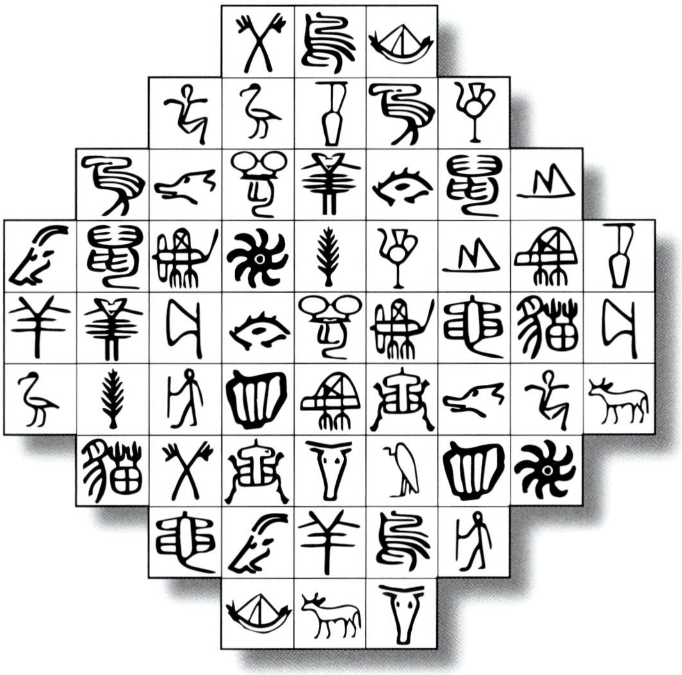

Vaincre l'illusion

Sans compter le grand carré en gras, combien de carrés pouvez-vous compter ?

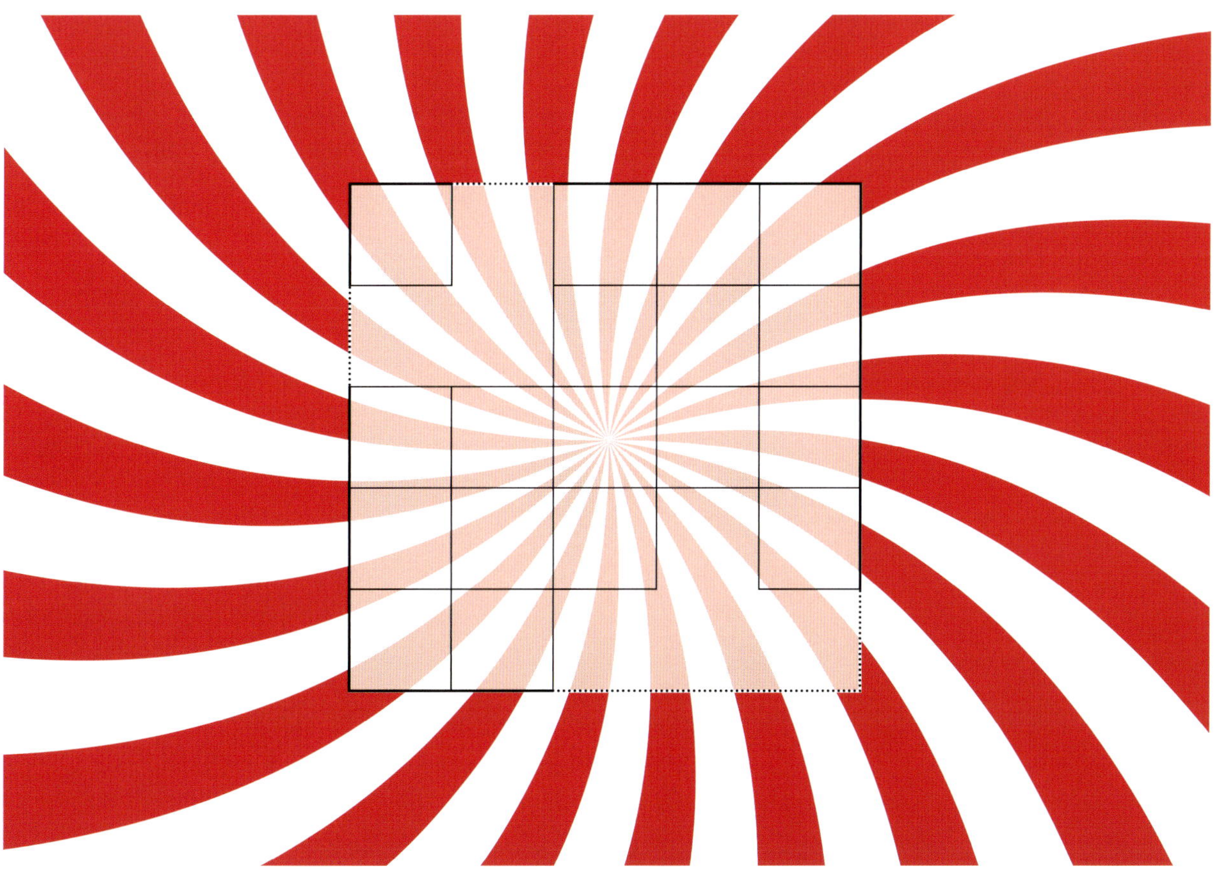

APTITUDES VERBALES

APTITUDES VERBALES

Étiquettes

Dans chaque liste suivante, trouvez le meilleur synonyme.

1. **SOUILLER**
   - [ ] a. Pousser
   - [ ] b. Désobllgeant
   - [ ] c. Calomnier
   - [ ] d. Cabosser

2. **ALAMBIQUER**
   - [ ] a. Volatil
   - [ ] b. Distiller
   - [ ] c. Contaminer
   - [ ] d. Exubérant

3. **LAÏUS**
   - [ ] a. Palabre
   - [ ] b. Anxiogène
   - [ ] c. Charivari
   - [ ] d. Grabataire

4. **COURROUCÉ**
   - [ ] a. Cucurbitacée
   - [ ] b. Naïf
   - [ ] c. Furibond
   - [ ] d. Calamiteux

5. **LUSTRES**
   - [ ] a. Éternité
   - [ ] b. Nettoyer
   - [ ] c. Écarter
   - [ ] d. Massacre

Épinglons encore

Dans chaque liste suivante, trouvez le meilleur antonyme.

1. **EUPHÉMISME**
   - [ ] a. Mortifère
   - [ ] b. Généralise
   - [ ] c. Sobre
   - [ ] d. Galvaniser

2. **PÉDANT**
   - [ ] a. Anormal
   - [ ] b. Cramoisie
   - [ ] c. Chimique
   - [ ] d. Jovial

3. **BALIVERNES**
   - [ ] a. Charité
   - [ ] b. Véracité
   - [ ] c. Stupide
   - [ ] d. Abscons

4. **GUTTURAL**
   - [ ] a. Spirituel
   - [ ] b. Soutenu
   - [ ] c. Limpide
   - [ ] d. Numérique

5. **TRANSHUMANCE**
   - [ ] a. Charité
   - [ ] b. Véracité
   - [ ] c. Stupide
   - [ ] d. Abscons

Testez votre orthographe

Chaque phrase ci-dessous est découpée en plusieurs parties. Trouvez le morceau qui comporte une faute de français, de grammaire, d'orthographe, de conjugaison… Choisissez e si vous pensez que la phrase est correcte.

1. Nous sommes allées au parc. / Elle a adoré, /quand à moi /je me suis ennuyée./
   a b c d e
2. De gros flocons / sont tombés du ciel, / les chasse-neiges / vont devoir travailler d'arrache-pied./
   a b c d e
3. Je préfère les fleurs orange / et les orchydées / rose et jaune / aux coquelicots rouge vif./
   a b c d e
4. Trois milles / deux cent trente euros / ont été injustement retirés / de mon compte./
   a b c d e
5. Elle est sortie / sans gants et sans écharpe / malgré qu'il fasse / moins cinq degrés ce matin. /
   a b c d e
6. « Travaille plus sérieusement » / me dit-il / sur un ton agacé. / Je m'y mettrai prochainement./
   a b c d e
7. Nous concoctons une tarte / avec les pommes / que nous avons cueilli / ce matin au vergé./
   a b c d e
8. La grève de la semaine passée / a été suivie / par tout le personnel naviguant / de la société./
   a b c d e
9. Bien qu'il soit jeune / cet enfant prodigue / fait preuve d'une maturité / peu commune./
   a b c d e
10. Je leur explique / qu'à la fin de l'installation / il faut cliquer deux fois / sur l'icône coloré. /
    a b c d e

« Les mots sont des nains, les exemples des géants. »

Ci-dessous une liste de proverbes pour lesquels vous devez trouver la bonne définition.

1. « Qui trop embrasse mal étreint. »

- [ ] a. Qui est trop démonstratif en amour risque de faire fuir.
- [ ] b. À commencer trop de choses on risque de n'en finir aucune.
- [ ] c. Si on serre trop fort, on risque de tout casser.
- [ ] d. Se dit d'un homme volage, qui fait de nombreuses conquêtes.

2. « Il ne faut pas vendre la peau de l'ours avant de l'avoir tué. »

- [ ] a. Il faut savoir parfois prendre son temps.
- [ ] b. Il ne faut pas se dépouiller de quelque chose dont on pourrait avoir besoin.
- [ ] c. Il ne faut pas croire que quelque chose est certain tant que ce n'est pas acquis.
- [ ] d. Vouloir toujours plus d'argent n'apporte rien de bon.

3. « Quand court le renard, le poulet a des ailes. »

- [ ] a. Face à une situation dangereuse nos capacités se décuplent.
- [ ] b. Il faut répondre à toute agression.
- [ ] c. Dans une situation délicate il faut savoir se mettre à l'abri.
- [ ] d. Même quand tout semble perdu, il ne faut jamais renoncer.

4. « À bon vin point d'enseigne. »

- [ ] a. Le bon vin se reconnaît à son étiquette.
- [ ] b. Il n'y a rien à apprendre d'un ivrogne.
- [ ] c. Il n'est pas nécessaire de recommander quelque chose de qualité, elle se distingue toute seule.
- [ ] d. Le bon vin n'enivre pas.

5. « Les chiens aboient et la caravane passe. »

- [ ] a. Les mêmes causes produisent les mêmes effets.
- [ ] b. À subir trop de méchanceté on en devient agressif.
- [ ] c. Certains font beaucoup de bruit pour masquer les évidences.
- [ ] d. Quand on est sûr de soi, on ignore les obstacles que les autres cherchent à mettre en travers.

Qu'avez-vous retenu du dictionnaire ?

Dans les contextes ci-dessous trouvez la bonne définition des mots en gras.

1. Depuis la crise financière de 2008, le monde évolue vers une société **ploutocratique**.

- ☐ **a.** Vers une société où les plus méritants réussissent.
- ☐ **b.** Vers une société où cohabitent les plus riches et les plus pauvres.
- ☐ **c.** Vers une société dans laquelle le pouvoir est détenu par les plus riches.
- ☐ **d.** Vers une société de plus en plus globale et libérale.

2. D'après le médecin légiste, une arme **contondante** est responsable de sa mort.

- ☐ **a.** Arme qui blesse en écrasant, sans couper.
- ☐ **b.** Arme non visible à l'œil nu, tel qu'un poison.
- ☐ **c.** Arme dont le tranchant est très net.
- ☐ **d.** Arme à feux type pistolet, revolver, carabine…

3. Qui peut avoir l'**impudence** de dire que la situation de l'hôpital s'améliore ?

- ☐ **a.** Qui est d'une incompétence coupable.
- ☐ **b.** Qui est d'une effronterie, d'une insolence extrême.
- ☐ **c.** Qui est d'un optimisme sans faille.
- ☐ **d.** Qui s'y risquerait, quitte à s'attirer les foudres.

4. Je ne supporte plus de voir tous ces enfants mourir d'**inanition**.

- ☐ **a.** Par manque de médicament.
- ☐ **b.** À cause de la guerre.
- ☐ **c.** Par manque de nourriture.
- ☐ **d.** Sans que l'on se soucie d'eux.

5. Il nous présente une vision complètement **manichéenne** du problème.

- ☐ **a.** Une version totalement faussée.
- ☐ **b.** Qui est franchement dépassée, archaïque.
- ☐ **c.** Une version bien plus belle qu'elle n'est réellement.
- ☐ **d.** Qui présente le bien comme le mal sans aucune nuance, ni situation intermédiaire.

APTITUDES VERBALES

Compréhension verbale

1. Une grande enseigne de bricolage propose en ce moment deux types de promotions valables pour des achats d'un montant supérieur à 200 € effectués dans une même journée et dans le même magasin : tout client qui achète au moins 1 000 vis reçoit en cadeau un tournevis, et tout client qui achète au moins 1 000 clous reçoit un bon d'achat de 10 €.
Parmi les phrases suivantes, trouvez celle qui n'est pas possible.

a Un client a acheté dans l'enseigne de bricolage des marchandises pour un montant de 250 €, dont 500 vis, et il a reçu un bon d'achat de 10 €.

b Un client de l'enseigne de bricolage a acheté 2 000 clous et n'a pas obtenu le tournevis en cadeau.

c Un client de l'enseigne de bricolage achète 1 200 vis et 2 100 clous pour une somme totale de 190 €. Ni le tournevis, ni le bon d'achat ne lui ont été remis.

d Un client de l'enseigne de bricolage a réglé en carte bleue 250 €, il a acheté 3 000 vis et 100 clous, et a reçu un bon d'achat de 10 €.

Lisez le texte et répondez aux questions.

> « En ville, le vélo reste sans équivoque le moyen de transport le moins cher en comparaison avec la voiture et le scooter. Les frais engendrés pour sa réparation et son stationnement demeurent également moindres.
> Le faible coût financier est « l'argument qui décide le plus de personnes », [...]. Mais pas que. Le vélo est également un moyen de transport rapide pour relier un point à un autre. [...] Sur une distance courte, soit moins de 5 km, "*le vélo est plus rapide et supprime les problèmes de stationnement. En outre, 50 % des trajets en ville font moins de 3 km. Un cycliste roule en moyenne à 15 km/h en ville, contre 14 km/h pour une voiture*". De quoi vous motiver à lâcher votre vieille auto au profit d'une jolie petite reine.
> Outre ces deux aspects, la bicyclette est bonne pour votre santé – à condition que vous pensiez au masque lors de trop longs déplacements au milieu des voitures. »

2. Combien d'arguments en faveur du vélo comptez-vous dans ce texte ?

☐ a. 3 ☐ b. 4 ☐ c. 5 ☐ d. 6

3. Quel titre correspond le mieux à ce texte ?

☐ a. L'engouement pour le vélo
☐ b. Le vélo, un moyen de transport plébiscité
☐ c. Ode au vélo
☐ d. Les écueils du vélo

4. Quel est le meilleur synonyme pour le terme équivoque ?

☐ a. Égal ☐ b. Ambigu ☐ c. Certitude ☐ d. Problème

5. De quel terme le mot « débours » est-il un synonyme dans le contexte du texte ?

☐ a. Dépenses ☐ b. Déplacement ☐ c. Frais ☐ d. Réparation

6. L'expression « petite reine » est-elle ?

☐ a. Un euphémisme ☐ b. Une comparaison ☐ c. Une litote ☐ d. Une métaphore

Corrigés
Culture sociale et sanitaire

L'éthique dans la recherche et les pratiques médicale

Humainement correct

Littéralement, la « bio – éthique » est **la morale de la vie**, l'éthique relevant de « ce qui est bon et utile pour l'homme ». Concrètement la bioéthique est aujourd'hui considérée comme une **science** dont l'objectif est d'étudier les problèmes **moraux** induits par les progrès de la médecine. Or qui dit morale, dit étude de **mœurs**, de ce qui est bien et de ce qui est mal. En effet, qu'il s'agisse de recherches médicales, dans le domaine **génétique** ou **biologique**, ou des évolutions de la **société** quant au regard porté sur les mères porteuses par exemple, des questions d'ordre moral se posent, toujours plus nombreuses. Les rapides progrès médicaux de ces dernières années ou encore l'allongement de l'**espérance de vie** sont des avancées certes réjouissantes, mais qui ne sont pas sans poser plusieurs problèmes : peut-on, d'un point de vue éthique, aider à **mourir** une personne en fin de vie qui le désire ? N'encoure-t-on pas certains risques à vouloir créer des fruits et des légumes plus résistants à certains insectes ? Une **greffe totale** de visage est-elle sans conséquence, sur le plan **psychologique**, pour la famille du donneur et pour le receveur lui même ?...
Autant de **dérives** qu'il est possible d'imaginer et que la législation se doit d'encadrer grâce à la **bioéthique**. C'est donc cette science qui apporte les analyses et les réflexions qui permettront au législateur d'anticiper les **abus** et de répondre de la façon la plus actualisée possible aux progrès de la médecine.
À noter que la **France** est le seul pays à s'être doté d'un tel mécanisme de réflexion en matière de bioéthique. Certains l'accusent d'**entraver** les espoirs des familles en matière de recherche pour sauver l'un de leurs proche par exemple, pour d'autres elle est une **garantie** pour ne pas tomber dans de profondes dérives.

Meilleur que le Larousse ?

- **le CCNE** (comité consultatif national d'éthique) qui est chargé d'éclairer les progrès de la science, de soulever des enjeux nouveaux de société et de poser un regard éthique sur ces évolutions. Ce comité a été créé par décret par le Président de la République François Mitterrand le 23 février 1983, après les Assises de recherche.
- Les états généraux ont été conduits par un comité de pilotage nommé par le Président de la République Nicolas Sarkozy et la Ministre de la santé et des Sports Roseline Bachelot-Narquin, comité présidé par Jean Leonetti. Les états généraux de la bioéthique se sont achevés avec la remise d'un rapport (le **rapport dit Leonetti**) qui constitue l'une des pièces maîtresses du dossier sur lequel les parlementaires en charge de la révision de la loi de bioéthique ont fondé leur décision.

QCM

1-a : « jeune pousse ». Étymologiquement, le mot clone vient du grec « klon » qui désigne une jeune pousse. Au sens médical et biologique, un clone est un individu (ou tout autre être vivant) génétiquement identique à un autre. Ainsi, une plante reproduite par bouturage est un clone, de même que les vrais jumeaux (les monozygotes) sont des clones naturels car ils sont génétiquement identiques.
2-a : Le clonage reproductif humain est unanimement condamné par la communauté scientifique internationale. Il est considéré comme un crime contre l'espèce humaine.
Le clonage thérapeutique est également strictement interdit en France, mais les lois et réglementations divergent en effet selon les pays.
Il faut cependant préciser que si les recherches sur l'embryon et les cellules embryonnaires sont interdites en France, il existe tout de même une dérogation permettant de telles recherches « susceptibles de permettre des progrès thérapeutiques ».
3-d : La brebis Dolly, née en 1996, a été le clone le plus célèbre du monde ; pourtant ce n'était pas le premier. De nombreux animaux, notamment des grenouilles, des souris et des vaches, ont été clonés avant Dolly.

Tout se transforme

- Le clonage reproductif a pour objectif **de donner naissance à un individu génétiquement identique à un autre.**
- Dans le clonage thérapeutique, qui n'est encore qu'à l'état de recherches, l'embryon cloné est créé uniquement pour **concevoir du tissu compatible avec le donneur en vue d'une future greffe**.

La générosité en chiffres

- Greffes cardiaques : 477
- Greffes cardio-pulmonaires : 13
- Greffes pulmonaires : 371
- Greffes hépatiques : 1322
- Greffes rénales : 3615
- Greffes pancréatiques : 90
- Greffes intestinales : 3

Et en lois

1 la gratuité
2 le consentement préalable
3 l'anonymat

Testez vos connaissances

1 : VRAI • **2 :** FAUX, l'autorisation est indispensable • **3 :** VRAI • **4 :** FAUX, la destruction des fonctions doit être totale et irréversible • **5 :** VRAI • **6 :** VRAI • **7 :** FAUX • **8 :** VRAI

Rien ne se perd...

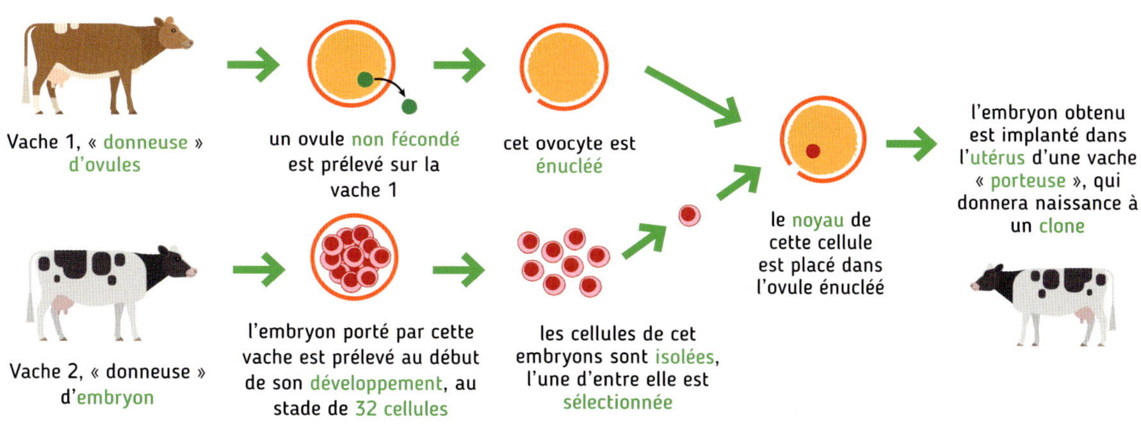

Où en sommes-nous ?

1) Réponse A. Louise Brown est le premier bébé-éprouvette, né en 1978 au Royaume-Uni.
2) Réponse B. Amandine est le premier « bébé-éprouvette » français, né en 1982.
3) Réponse C.
4) Réponse A. En France, l'accès à la PMA est réservé aux couples hétérosexuels, mariés ou vivant ensemble depuis au moins 2 ans.
5) Réponses B. et C. Ne peut avoir accès à la PMA qui veut. L'infertilité d'au moins un des deux partenaires doit être médicalement constatée, où l'un des deux futurs parents est porteur d'une maladie grave susceptible d'être transmise à l'enfant. À noter que parfois le sexe de l'enfant sera déterminé à l'avance justement parce que certaines maladies génétiques ne touchent que l'un des deux sexes. En revanche, en aucun cas les parents n'ont la possibilité de choisir intentionnellement le sexe ou la couleur des yeux, sur simple « préférence »…
6) Réponse C. Le recours à la maternité de substitution est interdite, comme le pose le principe de l'indisponibilité du corps humain, reconnue par les lois bioéthiques de 1994, et l'article 16-7 du Code Civil.
7) Réponse B. Il s'agit de l'assistance médicale à la procréation.
8) Réponse C. Selon l'INSERM (L'Institut National de la Santé et de la Recherche Médicale) le pourcentage des couples sans grossesse après un an d'essai avoisine les 24 % (pour les chiffres de 2007) et de 8 % à 11 % après 24 mois d'essais. Par ailleurs, on estime qu'un couple sur sept consulte un médecin parce qu'il rencontre des difficultés pour concevoir un enfant.
9) Réponse B. Il s'agit de la fécondation in vitro (FIV), l'insémination artificielle, la fécondation in vtro avec ICSI (*intra cytoplamic Sperm Injection*) et l'accueil d'embryon.
10) Réponse C. Selon les chiffres de 2008, les techniques utilisées sont majoritairement l'insémination artificielle (53 365 tentatives) et la fécondation in vitro – la FIV avec ou sans ICSI (51 534 tentatives). Les autres tentatives (15 782) sont réalisées avec des embryons congelés lors d'une précédente FIV. Six pour cent de ces interventions font intervenir un don de gamètes, c'est-à-dire un don de spermatozoïdes ou don d'ovocytes (ovules).
11) Réponse D. La répartition des enfants nés après AMP en 2008 selon la technique et l'origine des gamètes est la suivante :
- l'injection intracytoplasmique de spermatozoïdes (ICSI) intraconjugale représente 36,9 % des naissances (soit 7 423 naissances) ;
- l'insémination intra-utérine intraconjugale représente 26,4 % (soit 5 308 naissances) ;
- la FIV hors ISCI intraconjugale représente 20,8 % des naissances (soit 4 160 naissances) ;
- le transfert d'embryons congelés (TEC) intraconjugal représente 10,1 % des naissances (soit 2 029 naissances) ;
- l'AMP avec spermatozoïdes de donneur représente 5,2 % des naissances (soit 1 055 naissances) ;
- l'AMP avec don d'ovocytes représente 0,7 % des naissances (soit 145 naissances) ;
- l'AMP avec accueil d'embryons représente 0,1 % des naissances (soit 16 naissances).

12) Réponse C. La limite d'âge est fixée à 43 ans, notamment en raison de la baisse du pourcentage de chances de grossesse au-delà de 25 ans.
13) Réponse B.
14) Réponse A. B. C. D. Il en est de même, entre autres, pour la prise de drogues : cannabis, héroïne, cocaïne, hallucinogènes ou encore l'excès de poids et la maigreur excessive chez la femme…
15) Réponse C.
16) Réponse B.

Chacun ses lois

1 : e • 2 : f • 3 : g • 4 : c • 5 : a • 6 : b • 7 : d

À la recherche du gène perdu

S	U	V	Q	U	A	T	E	R	Z	G	S	E
K	C	E	D	P	I	D	S	A	I	F	M	R
M	D	R	P	A	N	D	E	O	V	O	L	T
N	G	E	N	E	J	U	N	B	N	S	R	F
Q	D	U	O	I	S	T	E	E	H	E	W	O
A	M	G	O	N	N	E	G	T	I	L	S	S
G	O	E	A	E	N	G	S	L	U	C	A	S
U	W	N	Y	H	A	D	N	O	Z	Y	E	A
K	Z	I	C	B	F	X	A	D	N	D	T	T
L	P	S	E	V	B	C	R	L	S	U	D	I
E	I	M	O	S	I	R	T	N	O	I	S	E
F	H	E	R	E	D	I	T	E	S	V	J	O
C	H	R	O	M	O	S	O	M	E	P	Q	X

GÈNE, unité de base d'hérédité qui prédétermine en principe un trait précis de la forme d'un organisme vivant
DPN, diagnostic prénatal. Il permet de vérifier si un enfant à naître présente une maladie héréditaire grave ou s'il est atteint d'une trisomie par exemple.
DPI, diagnostic préimplantatoire. Il consiste, suite à des fécondations in vitro, à rechercher chez les embryons qui en résultent la présence de certaines maladies héréditaires graves, et éventuellement à identifier le sexe car certaines maladies y sont liées.
ADN, l'acide désoxyribonucléique, ou ADN, est une macromolécule biologique présente dans toutes les cellules ainsi que chez de nombreux virus. L'ADN contient toute l'information génétique, appelée génome, permettant le développement, le fonctionnement et la reproduction des êtres vivants.
OGM, organisme génétiquement modifié, végétal ou animal, afin d'en modifier certaines caractéristiques pour les rendre moins vulnérables à certaines maladies par exemple.
TRISOMIE est une anomalie génétique qui se caractérise par la présence d'un fragment ou d'un chromosome entier en trois exemplaires au lieu de deux. Il existe plusieurs types de trisomie en fonction de la paire de chromosomes touchée.
TRANSGÉNÈSE est le fait d'implanter un ou plusieurs gènes dans un organisme vivant.
HÉRÉDITÉ est la transmission, au sein d'une espèce vivante ou d'une lignée de cellules, de caractéristiques d'une génération à la suivante.
CHROMOSOME est un élément microscopique constitué de molécules d'ADN et de protéines. Il porte les gènes, supports de l'information génétique, transmis des cellules mères aux cellules filles lors des divisions cellulaires.
GÉNOME est le terme utilisé pour décrire l'ensemble des gènes portés par les chromosomes d'une cellule. Le génome est présent sous forme de l'ADN dans le noyau de toutes les cellules de l'organisme.
GENNO, étymologiquement le terme génétique vient du grec *genno* qui signifie donner naissance.
EUGÉNISME ensemble des méthodes qui ont pour but d'améliorer le patrimoine génétique de l'espèce humaine.

Les maladies à incidence sociales

Prise de notes

Une maladie est une **altération** physique ou **mentale** de la santé. Elle est donc différente du **syndrome** qui désigne un ensemble de **symptômes**.
Une maladie peut résulter de causes :
– **exogènes**, c'est-à-dire que l'organisme est agressé par un élément externe tel qu'un **virus** par exemple ;
– **endogènes**, c'est-à-dire liée à des causes internes à l'organisme, comme l'**hérédité**.
Une maladie dite à **incidence sociale** est reconnue comme ayant une conséquence sur la société.
Une MIS se caractérise souvent par ces quatre critères :
– une **morbidité** élevée (désignant le nombre de personnes souffrant d'une maladie pendant une période donnée. L'**incidence** ou le nombre de nouveaux cas, et la **prévalence**, c'est-à-dire la somme de tous les cas, sont deux façons d'exprimer la morbidité d'une maladie) ;
– une **mortalité lourde** (la mortalité étant le nombre de **décès** rapporté dans une population pour un temps donné) ;
– une influence venant de la vie en société (souvent il s'agit de maladies ayant pour causes des **comportements à risques**, c'est-à-dire pouvant être évitées) ;
– un coût social et individuel important : en effet, d'une part la création d'établissements spécialisés, le versement de **pensions** ou encore la recherche pour contrer ces maladies sont financés, de façon indirecte, par le **contribuable**. D'autre part, les dépenses et les pertes liées à la maladie sont lourdes pour le patient lui-même : certains traitements et actes médicaux ne sont pas pris en charge par le **système de protection sociale**. La maladie peut entraîner la perte de l'emploi, donc de **revenus**, voir l'exclusion de l'individu, celui-ci pouvant perdre sa place au sein de la **société**.

Cellules vs système immunitaire

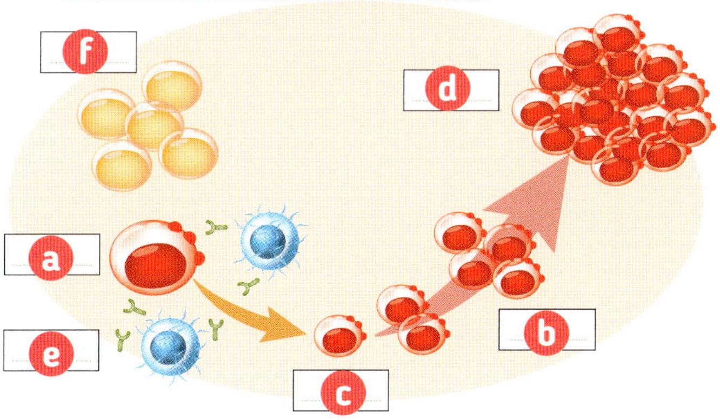

Pas à pas

1) La maladie débute par une lésion précancéreuse, qui contient des cellules en cours de transformation. Toutes les lésions précancéreuses ne donnent pas forcément des cancers.
2) Une cellule cancéreuse apparaît et commence à se multiplier. Dans un premier temps, la tumeur de petite taille reste localisée dans le tissu d'origine.
3) La tumeur grossit et commence à envahir les tissus voisins.
4) Les métastases apparaissent. Souvent, elles touchent d'abord les ganglions lymphatiques, petits organes dispersés dans tout le corps et palpables au niveau du cou, de l'aine et des aisselles, qui jouent un rôle clé dans la lutte contre les infections. Puis les métastases s'étendent aux autres organes. Elles sont responsables de 90 % des décès par cancer.

Stade 1 : une tumeur unique et de petite taille
Stade 2 : un volume local plus important
Stade 3 : un envahissement des ganglions lymphatiques ou des tissus avoisinants
Stade 4 : une extension plus large dans l'organisme sous forme de métastases

Statistiques

- 385 000 nouveaux cas de cancers estimés en 2015 en France métropolitaine
- 211 000 nouveaux cas chez les hommes
- 174 000 nouveaux cas chez les femmes
- 149 500 décès par cancers estimés en 2015
- 84 100 chez les hommes
- 65 400 chez les femmes
- 3 millions de personnes ont survécu à un cancer
- 43 000 patients sont inclus dans des essais cliniques

Source : Les cancers en France en 2015, INCa

Vrai ou faux

1) **FAUX** les MCV (maladies cardiovasculaires) désignent l'ensemble des maladies du système cardiovasculaire. Trois zones sont principalement touchées par ce type de maladies : le cerveau • le cœur • les jambes.
2) **VRAI**
3) **VRAI** les maladies cardiovasculaires ont pour principale cause le phénomène d'athérosclérose, c'est-à-dire le dépôt de cholestérol qui se développe à l'intérieur de la paroi des artères de calibre important.
4) **VRAI.** Lorsqu'elle concerne les vaisseaux du cœur, l'athérosclérose peut provoquer une angine de poitrine ou un infarctus du myocarde (la fameuse « crise cardiaque », qui correspond à la mort de cellules d'une partie du muscle cardiaque). Lorsqu'elle touche les artères des jambes elle peut conduire à une artérite des membres inférieurs (qui est une réaction inflammatoire au niveau de la paroi artérielle, s'accompagnant d'un rétrécissement qui gêne la circulation sanguine).
5) **FAUX,** c'est la première cause.
6) **VRAI**
7) **FAUX,** c'est près de 40 %.
8) **VRAI**
9) **FAUX,** c'est l'inverse : les MCV frappent plus fréquemment les groupes sociaux les moins favorisés : parmi les 25-64 ans, les ouvriers ont une mortalité vingt fois supérieure à celle des cadres et des professions libérales.
10) **VRAI**

Que savez-vous ?

1) Les IST (infections sexuellement transmissibles), étaient autrefois appelées maladies sexuellement transmissibles. L'ancienne désignation sous entendant la présence de symptômes, elle a été modifiée : certaines personnes porteuses d'IST n'en manifestent aucun signe…
2) Les IST sont dues à différents microbes : bactéries, virus, parasites, champignons.
Parmi les plus connues, il y a le VIH/Sida, l'herpès, les hépatites B et C, les chlamydioses, les gonococcies, la syphilis, les papillomavirus…
Certaines de ces infections sont également transmissibles par le sang, comme le VIH/Sida et les hépatites.
3) Aujourd'hui environ 40 millions de personnes dans le monde vivent avec le VIH. Les deux tiers d'entre elles résident en Afrique subsaharienne.
4) En France, 6 000 nouveaux cas de SIDA ont été enregistrés en France, un chiffre stable depuis 2011.
5) Chaque jour 3 000 personnes meurent du SIDA dans le monde et plus de 28 millions de morts depuis 1981 sont recensés.
6) Il y a risque d'infection des articulations, de stérilité surtout chez la femme.
7) Environ 2 500 personnes sont infectées par le virus de l'hépatite B chaque année en France, dont 200 évolueront vers une hépatite B chronique.
8) Le vaccin est recommandé chez les jeunes filles entre 11 et 14 ans. Une vaccination plus tardive est possible avant le début de la vie sexuelle. Le vaccin ne protège pas contre tous les papillomavirus. C'est pourquoi le dépistage reste indispensable à partir de l'âge de 25 ans.
9) Il peut y avoir atteinte du cerveau, des nerfs, du cœur, des artères et des yeux, atteinte du nouveau-né si la mère est infectée.

10) En cas de rapport non ou mal protégé, il existe un traitement d'urgence pour se protéger du VIH/sida appelé traitement post-exposition. Il dure 4 semaines et réduit considérablement le risque de contamination. Pour en bénéficier, il faut se rendre dans les 4 heures et au plus tard dans les 48 heures au service des urgences le plus proche, si possible avec votre partenaire. Un médecin évaluera le risque pris et l'intérêt de prescrire le traitement. Ce traitement peut provoquer des effets secondaires et n'élimine pas totalement le risque de contamination.

Les stades de la maladie

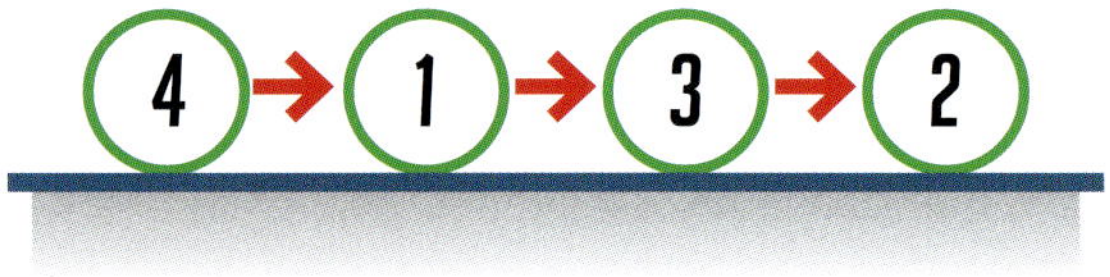

Pratiquez les maux

Anorexie : diminution ou arrêt de l'alimentation, par perte d'appétit ou refus de se nourrir.
Hyperphagie : trouble caractérisé par l'absorption permanente d'une nourriture trop abondante.
Potomanie : besoin permanent de boire de grandes quantités de liquides, surtout de l'eau, même en l'absence de soif.
Mérycisme : trouble psychologique de l'enfant consistant en une régurgitation volontaire d'aliments suivie de leur mâchonnement.
Boulimie : trouble du comportement alimentaire caractérisé par un besoin incontrôlable d'absorber de la nourriture en grande quantité chez un sujet qui, habituellement, n'est pas un « gros mangeur ».
Pica : tendance à ingérer des substances non comestibles, en particulier chez les enfants ou les malades mentaux.
Trichotillomanie : trouble psychologique au cours duquel le sujet s'arrache régulièrement les cheveux.
TOC : les troubles obsessionnels compulsifs (TOC) font partie des troubles anxieux. Ils se caractérisent à la fois par des obsessions, qui sont des pensées envahissantes qui génèrent peurs et angoisses, et des compulsions, comme une envie irrépressible de réaliser des gestes répétitifs ou des actes mentaux comme compter ou réciter intérieurement une phrase.
Paranoïa : psychose caractérisée par la présence d'idées délirantes systématisées et permanentes, surtout à thème de persécution.
Schizophrénie : psychose délirante chronique caractérisée par une discordance de la pensée, de la vie émotionnelle et du rapport au monde extérieur.
Dépression : état pathologique marqué par une tristesse avec douleur morale, une perte de l'estime de soi, un ralentissement psychomoteur.
Agressivité : caractère agressif de quelqu'un.
Phobie : crainte angoissante et injustifiée d'une situation, d'un objet ou de l'accomplissement d'une action.
Hyperactivité : état d'activité constante et d'instabilité de comportement, s'accompagnant de difficultés d'attention, observé notamment en cas d'anxiété ou chez l'enfant.

Nombres malades

Les chiffres et statistiques de la dépression en France
En France, près d'une personne sur **cinq** a souffert ou souffrira d'une dépression au cours de sa vie.
La dépression est une maladie qui touche tous les âges, depuis l'enfance jusque très tard dans la vie. En 2010, **7,5** % des 15-85 ans auraient vécu un épisode dépressif, avec une prévalence **deux** fois plus importante chez les femmes que chez les hommes (Source : Institut national de prévention et d'éducation pour la santé). Cependant, la dépression ne concerne pas que les adultes. La prévalence des troubles dépressifs est estimée entre **2,1** à **3,4** % chez l'enfant et à **14** % chez l'adolescent.

Les chiffres et statistiques des troubles dépressifs dans le monde
L'OMS (Organisation mondiale pour la Santé) estime que les troubles dépressifs représentent le 1er facteur de morbidité et d'incapacité sur le plan mondial (communiqué de mars 2017). Ainsi, on compte plus de **300** millions de personnes dans le monde souffrant de dépression soit une augmentation de plus de **18** % de 2005 à 2015. La dépression n'est pas un trouble de santé à prendre à la légère. Elle peut conduire au suicide. Chaque année, près de **800 000** personnes meurent en se suicidant. Le suicide est la **deuxième** cause de mortalité chez les 15-29 ans.

L'environnement menacé

Autour de nous

- **L'environnement** est tout ce qui entoure une espèce et qui est susceptible d'interagir avec lui, directement ou indirectement, lui permettant de vivre.
- Pris dans le sens **écologique**, il peut se traduire par l'ensemble des conditions physiques, chimiques, biologiques, climatiques, géographiques et culturelles. Notre environnement est donc composé de l'air, de l'eau, de la terre, de l'atmosphère, des végétaux, des ressources naturelles, des animaux, etc.
- Étymologiquement, le terme **biodiversité** vient de l'anglais, plus exactement de la contraction de l'expression « *biological diversity* » ou, en français, diversité biologique. Pour Edward O. Wilson, considéré comme l'inventeur de ce mot, la biodiversité est « la totalité de toutes les variations de tout le vivant ». À ce titre, l'homme fait partie de la biodiversité, au même titre que toutes les autres espèces.
- **Le trou de la couche d'ozone** correspond à une baisse de l'ozone stratosphérique, notamment au-dessus de certaines régions de l'Antarctique. Ce phénomène, appelé « trou » de la couche d'ozone s'explique surtout par les activités humaines causant des émissions de gaz, et peut avoir des conséquences catastrophiques s'il se développe, le rôle de « filtre » de la couche d'ozone étant altéré.
- **Les Gaz à Effet de Serre** (GES) sont des gaz qui absorbent une partie des rayons solaires en les redistribuant sous la forme de radiations au sein de l'atmosphère terrestre, phénomène appelé effet de serre.

Dégâts en masse

Nuisances

- **POLLUTION LUMINEUSE :** les innombrables sources d'éclairage artificiel représentent une perte économique et d'énergie, un trouble de la qualité du sommeil et un perturbateur pour la faune, qui perd ses repères biologiques.
- **EAU :** environ une personne sur cinq dans le monde n'a pas accès à l'eau potable et 40 % de la population mondiale ne dispose pas d'un service d'assainissement de base, ce qui, en moyenne, tue 8 millions d'êtres humains par an.
- **AIR :** chaque année, cette pollution causerait la mort prématurée de 2,3 millions de personnes dans le monde dont 400 000 en Europe.

Pollutions

- **DÉFORESTATION :** selon les études, 80 % de la couverture forestière mondiale originelle a été abattue ou dégradée, essentiellement au cours des 30 dernières années. La déforestation continue massivement avec plus de 13 millions d'hectares de forêts qui disparaissent par an.
- **DÉCHETS :** à travers la surconsommation, le gaspillage ou encore le suremballage.
- **BRUIT :** « la pollution sonore » est un facteur de stress, nuit à la qualité de vie, au sommeil et à l'audition.

Ranger sa poubelle

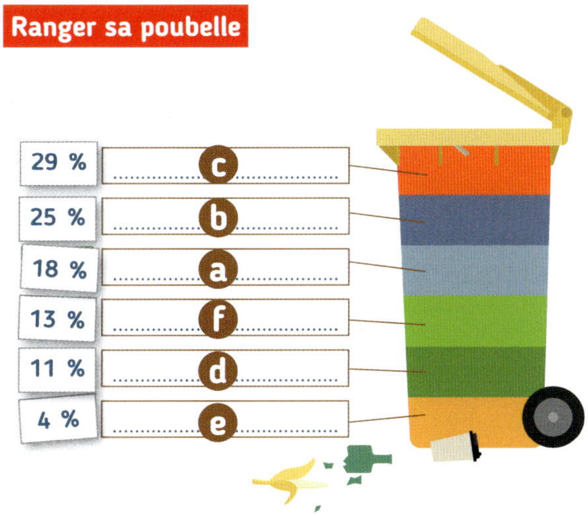

Retour vers le futur sale

- Des épluchures en **3 à 6 mois**
- Un mouchoir en papier en **3 mois**
- Un mégot de cigarette avec filtre en **1 à 2 ans**
- Un chewing-gum en **5 ans**
- Un sac en plastique en **450 ans**
- Une boite d'aluminium en **200 à 500 ans**

Un peu plus vert

c) 1988 : Le GIEC est un organisme créé en 1988 par l'Organisation météorologique mondiale (OMM) et le Programme des Nations Unies pour l'Environnement (PNUE). Il est composé d'environ 2 500 scientifiques internationaux dont la principale mission est de travailler sur la question des changements climatiques. Les rapports publiés par le GIEC démontrent notamment que les activités humaines ont une influence sur le climat.

h) 1992 : Le Sommet de la Terre, à Rio est une première prise de conscience internationale quant aux risques du changement climatique. Durant ce sommet les États les plus riches, faisant le constat de leur responsabilité dans les émissions les plus importantes, prennent l'engagement de stabiliser en 2000 leurs émissions au niveau de 1990.

d) 1997 : Le protocole de Kyoto est un traité international qui a pour but de réduire les émissions de gaz à effet de serre de façon modulée selon les pays. Il propose des engagements quantitatifs et juridiquement contraignants.

i) 2005 : Signé le 11 décembre 1997 à Kyoto, au Japon, le protocole entre en vigueur le 16 février 2005, et est ratifié en 2010 par 183 pays dont les États-Unis ne font pas partie. Malgré le nombre de signataires, les engagements ne concernent que 38 pays industrialisés.

a) 2007 : Le Grenelle de l'environnement 1 est un ensemble de rencontres politiques, entre des représentants de l'État, d'organisations non gouvernementales, des collectivités locales, d'entreprises et de syndicats organisées en France en 2007, menées par le ministre de l'Écologie, du développement et de l'aménagement durable Jean-Louis Borloo.

e) 2009 : Le sommet de Copenhague est une rencontre entre 192 pays qui s'est tenue du 7 au 18 décembre 2009 et avait pour objectif de trouver un accord permettant de réduire de manière significative les productions de gaz à effet de serre pour lutter contre le réchauffement climatique. Il succède au protocole de Kyoto.

b) 2010 : Grenelle 2 est une loi promulguée le 12 juillet 2010 qui se traduit par un engagement national pour l'environnement. Il décline, thème par thème, les objectifs entérinés par le premier volet législatif (Grenelle 1). Il s'agit d'un texte de mise en œuvre de six chantiers majeurs : le bâtiment et l'urbanisme, les transports, l'énergie, la biodiversité, les risques, la gouvernance.

f) Loi du 17 août **2015** relative à la Transition énergétique pour la croissance verte.
Le titre IV intitulé « Lutter contre les gaspillages et promouvoir l'économie circulaire : de la conception des produits à leur recyclage » vise à dépasser le modèle économique linéaire consistant à « produire, consommer, jeter » et affirme le rôle essentiel de la politique nationale de prévention et de gestion des déchets pour y parvenir. La loi renforce les objectifs pour la gestion des déchets, notamment :

- réduction de 10 % des DMA produits par habitant entre 2010 et 2020,
- réduction de 30 % des déchets non dangereux non inertes mis en décharge entre 2010 et 2020, de 50 % entre 2010 et 2025,
- envoi en valorisation matière de 55 % des déchets non dangereux non inertes en 2020 (65 % en 2025), de 70 % des déchets du bâtiment d'ici 2020.

g) Loi du 11 février **2016** sur le gaspillage alimentaire fixe l'ordre de priorité des actions visant à lutter contre le gaspillage alimentaire :
1) prévention,
2) don ou transformation des invendus,
3) valorisation en alimentation animale,
4) compostage ou méthanisation.
La loi interdit aux distributeurs de rendre les invendus impropres à la consommation et les incite à en faire don.

Les individus face aux évolutions de la société

Qui a dit « oui » ?

- **L'origine latine** de famille est le mot latin *famulus*, qui signifie serviteur. Dans l'Antiquité, le mot famille désignait l'ensemble des personnes vivant sous un même toit : au-delà des parents et des enfants, les serviteurs ou encore les esclaves.
- **La famille nucléaire** désigne l'ensemble des individus composant un foyer : uniquement un père, une mère et des enfants non mariés.
- **La famille selon l'INSEE** est un ménage qui comprend au moins deux personnes. Il peut être constitué d'un couple, marié ou non, avec ou sans enfants, ou d'un adulte et d'un ou plusieurs enfants. À noter que l'enfant en question est, au sens de l'INSEE, célibataire et sans enfant, et ce quelque soit son âge.
- **La famille selon les statisticiens** est un ménage qui désigne l'ensemble des personnes qui vivent dans une même résidence principale, avec ou sans liens de parenté. Ici, une personne seule peut constituer un ménage.

La famille en chiffres
Combien de mariages ont été célébrés :
En **1969 :** 380 800
En **2006 :** 274 000
En **2016 :** 235 000, combien entre personnes de même

sexe : 7 000, combien entre personnes de sexe différent : 228 000

À quel âge se mariait-on en moyenne

En **1994 :**

Hommes : 28,7 ans

Femmes : 26,8 ans

En **2009 :**

Hommes : 31,6

Femmes : 29,7

Combien de PACS ont été signés

En **1997 :** aucun, le PACS est entré en vigueur en 1999

En **2005 :** 60 473

En **2015 :** 189 000

Combien de divorces ont été prononcés

En **2015 :** 123 668, dont plus de 50 % par consentement mutuel

Combien de sortes de divorces existe-t-il en France ?

- **Le divorce par consentement mutuel**, par lequel les époux s'accordent pour divorcer et règlent tous les effets de leur divorce (répartition des biens, prestation compensatoire, garde des enfants) dans une convention.
- **Le divorce sur acceptation du principe de la rupture du mariage :** les époux parviennent à un accord pour divorcer mais ne sont pas d'accord sur les effets, sur la garde des enfants par exemple. Dans ce cas, c'est le Juge aux Affaires Familiales qui est chargé de régler les effets du divorce dans son jugement.
- **Le divorce pour faute :** dans ce cas, un des époux fait une demande de divorce sans l'accord de l'autre en prouvant la faute de ce dernier, c'est-à-dire un manquement aux devoirs du mariage. C'est souvent la forme de divorce la plus compliquée.
- **Le divorce pour altération définitive du lien conjugal**, qui est aussi la forme la plus novatrice, introduite par la loi du 1er janvier 2005. Ici, l'époux qui ne vit plus avec son conjoint depuis au moins deux ans peut demander le divorce sans que l'autre puisse s'y opposer.

À vos méninges

1) « La parentalité tardive au-delà des normes » (titre officiel de l'article)

2) Ces dernières années sont marquées par un repoussement de l'âge de la maternité, les femmes privilégiant leur carrière professionnelle à la vie de famille, mettant de côté les impératifs liés à l'âge.

Ce phénomène est lié à plusieurs facteurs tels que le déni du vieillissement où les difficultés d'intégration des femmes sur le marché du travail. Par ailleurs, les progrès de la science ne font qu'encourager la maternité tardive. Celle-ci fait l'objet d'idées reçues : autrefois elles existaient déjà, notamment chez les femmes qui avaient de nombreux enfants, ce qui était plus répandu qu'aujourd'hui.

Cependant, la maternité tardive n'est plus liée à l'heure actuelle aux familles nombreuses, mais plus aux nouveaux modes de vies, dont les familles recomposées, et ce indépendamment de la situation sociale ou professionnelle des individus.

L'une des explications à l'âge plus avancé dans la conception des enfants est l'importance donnée aux conditions données à leur arrivée, tout en percevant le fait de devenir parent comme un aboutissement parmi d'autres.

De plus, trouver la bonne personne avec qui avoir des enfants revêt des exigences nouvelles, de sorte que parfois la question est évincée pendant plusieurs années.

Le fait d'avoir des enfants sur le tard traduit soit la volonté de rattraper le temps perdu, soit l'accession tardive au « bon moment ».

Qui plus est, le choix tardif de faire des enfants fait l'objet d'une négociation au sein du couple, les femmes devant se plier à une horloge biologique plus restreinte que leurs conjoints.

3) L'âge tardif de la maternité semble soulever un problème de société. En effet certains dénoncent ce choix, insistant sur la contrainte que peut représenter un enfant et qui peut ne pas toujours être acceptée par un quadragénaire, sans parler des problèmes de santé qui peuvent survenir, tant pour la mère que pour l'enfant.

Pour autant le phénomène est de plus en plus courant, il convient alors d'en expliquer les causes pour mieux le comprendre avant de le dénoncer.

La première cause de l'arrivée tardive d'un enfant est sans doute le contexte socioprofessionnel dans lequel nous évoluons. Le temps des études s'allonge, avec lui la période d'intégration professionnelle avec l'obtention d'un « vrai » contrat.

Une importance est donnée à la carrière professionnelle qui représente pour de nombreuses personnes un aboutissement de vie. Celle-ci laisse alors peu de place à la maternité, les femmes étant déjà à la base écartées de certains postes lorsqu'elles ont des enfants… de plus de nombreuses femmes préfèrent être reconnues pour leurs compétences professionnelles que pour le fait d'être une bonne mère.

Un autre cause pouvant être avancée est l'attente, peut être utopique, du « bon moment ». Aujourd'hui, accueillir un enfant soulève de nombreuses inquiétudes liées au confort financier et matériel. Avoir un nombre suffisant de pièces dans un logement, prix des couches, du mode de garde et de la scolarité… autant d'arguments pour préférer d'abord construire un nid solide avant de procréer.

Vient ensuite le choix du bon conjoint, celui avec qui il sera décidé d'avoir un enfant. La quête semble de plus en plus ardue, et il n'est pas rare que des hommes et des femmes aient plusieurs histoires d'amour avant de se fixer sur le projet d'une vie.

Le nouveau visage de la famille a certainement également sa part d'explication dans l'âge de la maternité : le nombre de familles recomposées va crescendo, et de nombreux couples qui se rencontrent autour de la quarantaine décident de se reconstruire en scellant leur nouvelle vie à deux par le choix de faire un (nouvel) enfant.

Par ailleurs, les progrès de la science peuvent également justifier le phénomène. Le suivi médical de la grossesse est aujourd'hui très poussé et permet de déceler très vite la majorité des problèmes. De plus, en cas d'infertilité, la procréation médicalement assistée offre de nouvelles solutions. De ce fait, si l'horloge biologique, surtout chez les femmes, pose tout de même certaines limites, faire des enfants jeunes pour mettre « toutes les chances de son côté » n'est plus un réel argument. Il est donc de plus en plus courant que des femmes ayant en moyenne 40 ans et des hommes 45 ans, fassent le choix de (re)devenir parent.

Ainsi, faire des enfants sur le tard est un choix de plus en plus courant. De nombreuses causes l'expliquent, majoritairement des évolutions sociétales. La situation peut présenter certains inconvénients, tels que le fait d'être âgé au moment de l'adolescence de cette progéniture. Cependant, ce choix n'en est pas toujours un, parfois il est même mûrement réfléchi, ce qui renforce le contexte familial.

QCM

1) a.

2) b. En 2011, l'espérance de vie continue de progresser en France. Les garçons qui naissent aujourd'hui ont une espérance de vie moyenne de 78,2 années. Pour rappel, l'espérance de vie était de 27 ans pour les hommes et 28 ans pour les femmes au XVIIIe siècle.

3) c. Une fille naissant aujourd'hui a une espérance de vie de 84,8 années. Sur les trente dernières années, les femmes ont gagné 6,5 ans d'espérance de vie et les hommes 8 ans. Les Françaises arrivent parmi les championnes de l'espérance de vie en Europe.

4) a.

5) d. La maladie d'Alzheimer touche 5 % de la population âgée de plus de 65 ans. 880 000 personnes sont concernées en France en 2011 dont 30 000 sont âgées de moins de 35 ans.

À partir de 85 ans, 1 personne sur 5 est concernée par la maladie d'Alzheimer.

5 % de la population âgée de plus de 65 ans et 15 % des plus de 85 ans est touchée par la maladie.

1,3 million de Français, soit une personne de plus de 65 ans sur quatre, pourraient être atteint en 2020 (source Insee).

6) c. En France, rien que pour les aînés, plus de 500 000 personnes seraient concernées, puisque les estimations admettent que 5 % des plus de 65 ans sont visés (au nombre de 10 111 093 en 2007, selon l'Insee). Les auteurs des violences sont les familles dans plus de la moitié des cas. Ces violences peuvent notamment être verbales, psychologiques, physiques…

7) a. L'allocation supplémentaire d'invalidité (Asi) est une prestation versée sous certaines conditions aux personnes invalides titulaires d'une pension de retraite ou d'invalidité qui n'ont pas atteint l'âge légal de départ à la retraite pour bénéficier de l'allocation de solidarité aux personnes âgées (Aspa).
Depuis le 1er janvier 2006, l'Asi remplace l'allocation supplémentaire du minimum vieillesse.

8) a. Instituée le 21 juillet 2001, cette allocation est destinée à toutes les personnes de plus de 60 ans présentant une perte d'autonomie quelle que soit leur ressource.

9) c. Selon les estimations, le rapport sera de 10 pour 7 en 2014, ce qui pose le problème du financement de retraites décentes.

10) a, b, c, d. L'allongement de l'espérance de vie combiné à un ensemble d'autres facteurs (chômage, allongement d'études …) engendre une diminution de la part des actifs qui financent les retraites dans un système par répartition ; une augmentation des dépenses de santé car les personnes âgées sont de grosses consommatrices de soins hospitaliers et de médecine de ville étant données les pathologies liées à l'âge.

11) b. Le seuil de renouvellement de la population correspond à un taux de fécondité (nombre moyen d'enfants par femme) supérieur ou égal à 2,1. En France, ce taux a atteint un niveau record de 2 en 2008, et est repassé à 1,9 en 2009.
En 2010, la France fait figure d'exception en Europe. À l'heure où ses voisins européens connaissent une grave crise de la natalité, la France est devenue, avec l'Irlande, le pays le plus fécond du Vieux continent. Elle affiche un taux de fécondité de 2,01 enfants par femme quand la moyenne européenne stagne à 1,5.

12) a.

13) a. 10 à 14 % des personnes âgées n'ont pas ou plus d'enfant, et beaucoup de femmes âgées sont veuves (puisque l'espérance de vie des hommes est plus courte que celle des femmes) ce qui pose le problème de solitude mais aussi des soucis sanitaires et d'insécurité.

14) b. le taux d'emploi des séniors est l'un des plus bas d'Europe. En 2010, le taux d'emploi moyen des travailleurs âgés de 55 à 64 ans est seulement de 40 % en France. Il est de 46 % dans l'Union européenne des 27, alors que l'objectif de l'UE comme celui de la France était d'atteindre 50 % en 2010.

15) a. Ceci explique l'inadaptation de certains médecins à prendre en charge des maladies neurodégénératives.

16) a. Les personnes ayant une activité professionnelle perçoivent à partir de 60 ans une pension de retraite versée par la Sécurité sociale. Le montant de cette pension dépend du salaire de référence et du montant d'années de cotisation.

17) c. Ce sont les actifs occupés du moment qui financent les retraites de leurs aînés *via* les cotisations qu'ils versent. Selon ce mécanisme, les cotisations des actifs occupés sont donc redistribuées aux retraités soit en fonction du nombre d'années de cotisation et du revenu d'activité soit en fonction d'un nombre de points acquis.
Un système par capitalisation implique que l'individu épargne tout au long de sa vie jusqu'à l'âge de départ en retraite. Il touchera alors ses propres fonds qu'il aura mis de côté durant son activité.

Au féminin

1923 : B • **1924** : G • **1942** : F • **1944** : C • **1945** : N • **1945** : D • **1955** : U • **1967** : H • **1970** : I • **1974** : J • **1975** : E • **1976** : L • **1980** : V • **1982** : P • **1982** : M • **1983** : K • **1985** : Q • **1992** : R • **1993** : S • **1999** : T • **2000** : Z • **2001** : W • **2001** : Y • **2001** : X • **2003** : A • **2005** : O

Comme trois pommes

L'enfant, petit être aux grands besoins
L'enfant, comme tout être vivant, a des besoins **physiologiques**. Ceux ci sont pourtant plus élevés dans les premières années de la vie. Un enfant a besoin d'une alimentation **équilibrée**, notamment en fer, de dormir beaucoup et à heure régulière et surtout de **jouer**, ce qui constitue la base de son **apprentissage**.
Il a ensuite un besoin de **socialisation**, dont la première instance est la **famille**. C'est elle qui va, en premier lieu, l'accompagner dans sa découverte du **monde**, de la langue et des **règles** de vie en société, le tout à travers le jeu.
L'enfant a également un grand besoin de repères **affectifs** et éducatifs. L'affection, doublée de règles, de limites fermes essentielles à la **construction** de l'individu, lui permettra de se sentir en **sécurité** et d'avoir confiance.
Par la suite, les structures scolaires peuvent seconder la famille dans **l'instruction** de l'enfant. En effet, en France **l'école** n'est pas obligatoire, c'est l'instruction qui l'est. Aussi deux possibilités s'offrent aux parents ou **tuteurs** légaux : prendre en charge l'instruction complète de leurs enfants, sous contrôle de **l'Éducation** nationale, et ce obligatoirement jusqu'à **16** ans, ou en confier une partie à l'école, qui a l'avantage d'être l'instance de socialisation **secondaire**.
Dans tous les cas les parents peuvent s'appuyer sur les **professionnels** de l'enfance, pour les aider dans les différentes étapes de la vie de leurs enfants mais aussi être guidés.

Le mot juste

L'adoption plénière consiste à substituer un nouveau lien de filiation au lien de filiation existant entre l'enfant adopté et sa famille d'origine, qui est donc supprimé, sauf en cas d'adoption plénière de l'enfant de son conjoint.
L'adoption simple crée un nouveau lien de filiation entre l'adoptant et l'adopté, mais elle ne supprime pas les liens de filiation entre l'adopté et sa famille d'origine. Les deux liens de filiation coexistent.
L'éducation est prodiguée par l'instance de socialisation qu'est la famille et passe par la transmission des codes de vies en société tels que la politesse, les règles de bases ou encore la langue maternelle.

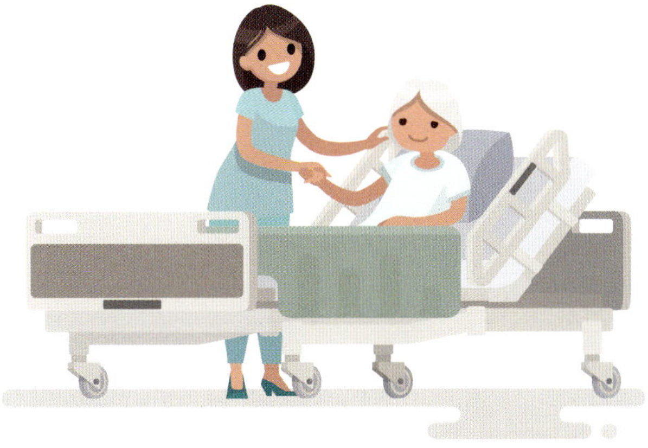

L'instruction est généralement dispensée par l'école, à travers des domaines d'apprentissage tels que les sciences, les langues étrangères, etc.
La filiation est la transmission de la parenté lorsqu'une personne descend d'une autre.
L'affiliation désigne le lien d'adhésion à un groupe social, tel qu'à une association ou un parti politique par exemple.
Autrefois les enfants **« légitimes »** étaient ceux dont les parents sont mariés. La naissance était qualifiée de « hors mariage » (anciennement qualifiée de **« naturelle »** ou encore **« illégitime »**) dans le cas contraire. Un enfant né hors mariage dont la mère se mariait était dit légitimé par le mariage.
Cette distinction entre enfants « légitimes » et enfants « naturels » n'existe plus en France depuis l'ordonnance du 5 juillet 2005, entrée en vigueur en juillet 2006, qui a fait disparaître du Code civil ces deux notions dans la mesure où les droits des enfants nés hors mariage sont les mêmes que ceux des enfants nés de couples mariés.

Abus dangereux

La cigarette
- En France, la moyenne d'âge de la première cigarette est de **14 ans.**
- Près de **5 %** des collégiens fument quotidiennement.
- À 17 ans, un sur **cinq** est dépendant. D'après les estimations le tabac est responsable de la mort d'un fumeur sur **deux**. Il est également la cause de nombreux cancers.
- **73 000** décès annuels sont attribuables au tabac.
- **65 %** des jeunes de 17 ans ont expérimenté la chicha.

Le cannabis
- Il s'agit de la **première** substance illicite consommée.
- En moyenne, la première expérience du cannabis se situe vers **quinze** ans.
- À douze ans, **3 %** des jeunes en ont déjà consommé.
- À dix-huit ans, **66 %** des garçons et **52 %** des filles en ont déjà fumé une fois.
- **71** tonnes de cannabis ont été saisies dont **18** tonnes d'herbe.

L'alcool
- L'alcool cause des problèmes d'ivresse chez les jeunes dès la classe de **4e**.
- En France, près d'un jeune âgé de 17 ans sur dix a été ivre au moins **dix** fois au cours de l'année écoulée…
- En moyenne un français âgé de 15 ans et plus consomme **11,9** litres d'alcool pur par an.
- **49 000** décès par an sont attribuables à l'alcool.
- Le coût social de l'alcool s'élève à **120 milliards** d'euros.

Les drogues dures
- En France métropolitaine, parmi les 11-75 ans :
  - **2,2** millions ont expérimenté la cocaïne, dont **450 000** usagers courants ;
  - **1,7** million ont expérimentés la MDMA et/ou l'ecstasy dont **400 000** usagers courants ;
  - **600 000** ont expérimentés l'héroïne.
- En 2016, **8,5** tonnes de cocaïne ont été saisies.

Les médicaments et psychotropes
- **3,5** boîtes de médicaments psychotropes remboursées par habitant âgé de 20 ans ou plus.
- **13 %** de la population remboursée de benzodiazépines (principe actif de la majorité des anxiolytiques et des somnifères) au moins une fois dans l'année.

Les relations sexuelles non protégées (voir aussi la fiche sur les IST)
- En France, l'âge moyen du premier rapport sexuel est de **16,8** ans.
- **27 %** des jeunes ont une activité sexuelle avant 16 ans.
- Plus de **13 000** mineures ont recours à l'interruption volontaire de grossesse chaque année.

Conduite routière dangereuse
- **50 %** des accidents graves sont dus à la vitesse.
- La vitesse multiplie par **quatre** la distance de freinage.

Qui suit qui ?

1 : c • **2** : b • **3** : d • **4** : a • **5** : h • **6** : f • **7** : e • **8** : i • **9** : j • **10** : g

Mots codés

								A^{3}						
								S^{11}			T^{9}			
					R^{10}	E^{1}	S^{11}	S^{11}	O^{8}	U^{12}	R^{10}	C^{5}	E^{1}	S^{11}
								U^{12}			I^{6}			
								R^{10}			P^{7}			
								A^{3}			A^{3}			
	I^{6}	S^{11}	O^{8}	L^{13}	E^{1}	M^{2}	E^{1}	N^{4}	T^{9}		L^{13}			
								C^{5}			I^{6}			
P^{7}	R^{10}	E^{1}	C^{5}	A^{3}	R^{10}	I^{6}	T^{9}	E^{1}			U^{12}			
			O^{8}			D^{16}					M^{2}			
			N^{4}			E^{1}								
			T^{9}			N^{4}					C^{5}			
			R^{10}			T^{9}		V^{15}			H^{17}			
	E^{1}	M^{2}	A^{3}	N^{4}	C^{5}	I^{6}	P^{7}	A^{3}	T^{9}	I^{6}	O^{8}	N^{4}		
	X^{18}		T^{9}			T^{9}		L^{13}			M^{2}			
	C^{5}					E^{1}		O^{8}			A^{3}			
	L^{13}							R^{10}			G^{14}			
	U^{12}							I^{6}			E^{1}			
	S^{11}							S^{11}						
	I^{6}							A^{3}						
	O^{8}							T^{9}						
	N^{4}							I^{6}						
								O^{8}						
								N^{4}						

13	1		9	10	3	15	3	6	13		1	11	9	
L	E		T	R	A	V	A	I	L		E	S	T	
12	4	1		6	4	11	9	3	4	5	1		16	1
U	N	E		I	N	S	T	A	N	C	E		D	E
11	8	5	6	3	13	6	11	3	9	6	8	4		
S	O	C	I	A	L	I	S	A	T	I	O	N		
11	1	5	8	4	16	3	6	10	1					
S	E	C	O	N	D	A	I	R	E					

Tous mélangés !

A	Z	E	V	B	H	M	E	G	N	U	M	P	F	S	G	Q	J	J	A
G	R	U	J	E	C	N	K	M	A	D	F	A	V	O	I	R	N	A	P
B	A	D	X	T	C	A	V	E	N	K	L	M	D	R	N	S	E	D	Q
E	C	O	M	M	U	N	A	U	T	A	R	I	S	M	E	O	L	U	T
R	I	M	K	C	H	O	P	U	I	N	L	M	G	J	H	S	R	H	R
L	S	O	D	S	C	H	A	T	S	G	A	M	J	F	E	A	D	J	S
M	M	I	S	G	S	O	V	U	E	A	R	I	N	C	F	L	B	A	J
T	E	Y	T	J	E	R	A	I	M	G	R	G	K	S	W	U	S	H	R
X	F	Z	Y	B	R	S	N	L	I	E	E	R	D	J	R	P	Y	F	V
J	J	R	U	F	P	U	T	N	T	S	T	A	V	L	E	I	A	G	N
I	L	K	I	K	O	I	A	O	I	J	E	T	J	S	G	N	R	O	M
M	S	H	Y	A	U	N	G	U	S	E	L	I	C	F	U	O	I	F	F
O	D	D	J	C	K	T	D	D	M	U	C	O	D	S	L	T	V	S	U
S	E	U	F	G	K	E	N	G	E	N	Y	N	D	H	A	G	I	X	T
H	I	E	D	Y	J	G	R	E	H	A	A	S	E	N	R	R	H	H	M
D	B	U	T	C	H	R	E	N	S	M	B	H	I	P	I	A	U	K	K
E	O	B	K	N	E	A	L	O	K	O	F	M	J	F	S	S	D	L	H
N	H	Z	I	K	H	T	I	U	I	U	I	K	D	J	A	M	G	F	T
P	P	L	M	A	S	I	V	L	O	R	P	G	H	K	T	O	Y	E	S
M	O	U	P	M	T	O	A	A	C	G	O	F	K	G	I	T	V	X	E
G	N	K	J	K	G	N	L	S	M	J	I	A	N	F	O	A	S	V	F
K	E	U	G	Y	F	B	I	I	P	H	S	A	S	F	N	L	E	N	G
S	X	J	R	F	V	D	R	E	J	R	S	S	Z	I	W	I	Y	A	J
A	R	D	E	R	J	O	O	N	T	X	O	V	D	X	L	N	F	Q	R
N	V	N	B	D	S	R	M	N	F	A	N	M	H	N	W	E	H	P	V

Racisme • Xénophobie • Antisémitisme • Discrimination • Communautarisme • Immigration • Asile • Régularisation • Intégration • Visa

QCM

1) a.
2) a, b, c et d.
3) b.
4) b. C'est en effet avec la Sécurité sociale qu'apparaît une logique de solidarité dont l'objectif est de généraliser la protection sociale à tous les individus.
5) d.
6) b.
7) c. La couverture maladie universelle a été créée le 27 juillet 1999, permettant à chacun d'accéder à un minimum de soins.
8) c. Les quatre branches sont réparties comme suit :
- Maladie, maternité, invalidité, décès
- Accidents du travail, maladies professionnelles
- Vieillesse
- Famille

9) b. Il existe en réalité plusieurs régimes. Le régime général concerne la plupart des salariés, les étudiants, les bénéficiaires de certaines prestations et les simples résidents. Il existe en parallèle les régimes spéciaux tels que ceux liés à la SNCF, EDF-GDF, les fonctionnaires etc,… ; les régimes non-salariés non agricoles, pour les artisans, les commerçants, et les professions libérales par exemple, ou encore le régime agricole, qui est le seul à dépendre du ministère de l'Agriculture.
10) a.
11) c. L'Urssaf est l'union de recouvrement de sécurité sociale et allocations familiales.
12) c. La CPAM est la caisse primaire d'assurance maladie
13) a. L'agent central des organismes de Sécurité sociale a pour mission de s'occuper de la trésorerie nationale de la Sécurité sociale, et donc les fonds recouvrés par l'Urssaf, et de reverser l'argent dans les différentes branches.
14) b. Ce sont les caisses d'allocation familiales qui versent les prestations familiales que sont les allocations familiales. La CNAF est la caisse nationale d'allocation familiale, la Cram est la caisse régionale d'assurance-maladie et la CPAM est la caisse primaire d'assurance-maladie.
15) a,b et c.
16) c. est un impôt sur les revenus d'activité, de remplacement et du patrimoine.
17) a.
18) c. Les prestations en espèces sont des compensations du salaire données à l'assuré en cas d'arrêt de travail pour cause de maladie, d'accident, de maternité, etc. Les prestations en nature consiste en un remboursement des dépenses engagées par l'assuré ou ses ayants droit (enfants par exemple) pour se soigner.
19) a,b et c. Le principe des régimes complémentaires est de fournir une couverture supplémentaire aux risques pris en charge par la Sécurité sociale. Moyennant une cotisation ou une prime, ces organismes garantissent une complémentaire santé ou des indemnités compensatoires en cas de perte de revenu due à un accident, une invalidité ou un décès.
20) b. L'Apa est l'allocation personnalisée d'autonomie ; l'AME est l'aide médicale de l'État et permet l'accès aux soins des personnes étrangères résidant en France de manière ininterrompue depuis plus de trois mois, mais qui sont en situation irrégulière. Le RSA est le revenu de solidarité active.
21) c. Le RSA, revenu de solidarité active, qui englobe les anciens RMI (revenu minimum d'insertion) et Api (allocation de parent isolé).
22) a. L'Arrco et l'organisme de retraite complémentaire des salariés, l'Agirc celui des cadres. Ils permettent de percevoir une pension complémentaire en plus de celle de base.
23) c.

Idées croisées

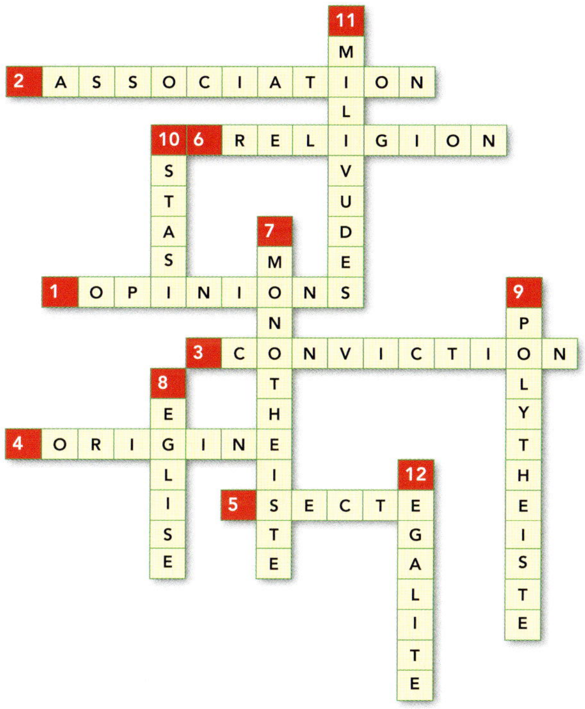

Les évolutions du monde actuel

Association d'idées

1 : c • **2** : a • **3** : b • **4** : d

Pour ou contre

Avantages

L'accroissement des échanges a incontestablement apporté :
- Une hausse du niveau de vie global des populations de la planète : les pays occidentaux ont bénéficié d'une baisse du coût de la vie par l'importation de biens manufacturés à des prix moins élevés : les délocalisations ont permis de répercuter le coût des faibles salaires du monde en développement sur les prix de vente.
- Baisse du chômage pour les pays en développement grâce à la délocalisation des entreprises sur leurs territoires où les taxes et le coût de la main-d'œuvre sont moins élevés.
- Alphabétisation, scolarisation et amélioration des conditions sanitaires pour les zones en développement.
- Un choix et une diversité de produits et services pour toutes les populations.
- Un accès à de nouvelles technologies, de nouveaux biens et services de consommation qui ont permis, dans certains cas, une bonne relance économique.
- Ces échanges se traduisent également par des rencontres entre individus du monde entier qui apprennent les uns sur les autres et se découvrent à travers leurs cultures.

Inconvénients

- La hausse des niveaux de vie s'accompagne dans les pays riches d'une baisse du revenu des travailleurs non qualifiés : ceux-ci sont en effet en compétition directe avec les pays à bas salaire où la main-d'œuvre est moins chère.
- Apparition du phénomène de « travailleurs pauvres » dans les pays aisés, classe sociale composée de personnes qui occupent un emploi et qui en tirent un revenu, mais ce dernier ne couvre pas tous les besoins de la personne, la plaçant dans une situation précaire.
- Nécessite de nombreuses mobilisations de la part des associations et du gouvernement. Cela se traduit par des dépenses sociales supplémentaires qui pèsent sur l'ensemble de la société.
- Nombreuses délocalisations permettant à des entreprises de réduire leurs coûts en interne car elles bénéficient ce faisant d'une main-d'œuvre moins chère, ce qui entraîne des fermetures dans leur pays d'origine engendrant un chômage considérable.
- Apparition d'un effet d'acculturation, c'est-à-dire de disparition de cultures ou de traditions locales par exemple au profit de celles qui sont majoritaires, ou plus puissantes ou simplement perçues comme plus importantes car plus rentables.
- La mondialisation a également des impacts sur l'environnement : l'intensification des échanges nécessite une consommation accrue des énergies, ce qui contribue à l'épuisement des ressources naturelles.
- La grande diversité des produits disponibles entraîne une banalisation aux yeux du consommateur qui se lasse rapidement et qui a sans cesse besoin de nouveauté : le processus incessant de destruction créatrice engendre une obsolescence accélérée des biens de consommation, aussi avons-nous tendance à jeter, à tomber dans la facilité de « l'usage unique ».

Solidaires

1) b. C'est le 10 décembre 1948 que les 58 États membres qui constituaient alors l'Assemblée générale de l'ONU ont adopté la Déclaration universelle des droits de l'homme à Paris au Palais de Chaillot.
2) c. Une action humanitaire cherche à améliorer la condition de l'homme, par exemple en allégeant les souffrances des victimes et à lutter pour le respect de l'être humain.
3) c. Après avoir réuni seize gouvernements dans un congrès international, Henri Dunant créa le mouvement international de la Croix Rouge, le 26 octobre 1863. Puis, à son initiative, la première convention de Genève fut signée par douze États le 22 août 1864, convention dont l'objectif était d'améliorer le sort des blessés dans les armées en campagne, posant de ce fait certaines limites à l'horreur.
4) a, b, c et d. Il s'agit de quelques-unes des premières organisations d'aide humanitaire en tant que telle : Save The Children en 1919, International Rescue Committee (IRC) ou Catholic Relief Service (CRS) au cours de la Seconde Guerre mondiale,l'organisation des nations unies (ONU) en 1945.
5) a. Dans les années 80, les politiques de Bretton Woods exigent la réduction de l'intervention de l'État dans des domaines importants de l'économie nationale, y compris dans la gestion de l'aide au développement, afin d'éviter les nombreux détournements. La gestion des aides est alors confiée aux populations bénéficiaires par le biais d'organisations nouvelles dans le paysage de l'aide humanitaire : les ONG (Organisation non gouvernementales).
6) b et c.
7) a, b et c. Le principe de non-ingérence relève de celui d'autodétermination, appelée à la base « droit des peuples à disposer d'eux-mêmes ».
8) c. Dans le contexte de l'aide humanitaire, le principe de non-ingérence est mentionné dans la Charte des Nations Unies de 1945, dans l'article 2 §7 : « aucune disposition de la présente Charte n'autorise les Nations Unies à intervenir dans des affaires qui relèvent essentiellement de la compétence nationale d'un État ni n'oblige les membres à soumettre des affaires de ce genre à une procédure de règlement aux termes de la présente Charte ».
9) b. En mai 1967, à l'annonce de la déclaration d'indépendance du Biafra, une province au Sud-est du Nigeria, le Comité International de la Croix-Rouge (C.I.C.R.) organise un acheminement d'aide alimentaire qui ne parviendra pas à ses destinataires.

QCM

1) c. En moyenne, un Français passe quotidiennement 3 h 45 devant son téléviseur.
2) d. Il y a 1000 000 000 d'utilisateurs Internet dans le monde.
3) c. HADOPI : Haute Autorité pour la Diffusion des Œuvres et la Protection des droits sur Internet.
4) a, b, c et d. De nombreux sites diffusent des images à caractère pornographique faisant intervenir des mineurs, et des « manuels » d'anorexie. D'autres revendiquent des idées racistes et xénophobes ou indiquent les « moyens » pour atteindre plus rapidement l'ivresse par exemple…
5) b. Le temps moyen passé par mois au téléphone portable est de 2 h 30.
6) b.
7) d.
8) c.
9) a.

Corrigés
Tests psychotechniques

Aptitudes numériques

Combinaison

Il y a 5 possibilités pour choisir la 1re tâche à accomplir, puis 4 pour la 2e, 3 pour la 3e, 2 pour la 4e et 1 pour la dernière.
En tout il y a donc : 5 x 4 x 3 x 2 x 1 = 120
Il y a **120** façons différentes d'organiser ces 5 tâches.

Pourcentage

$\{[(x-9)\times 2]-2\}\times 1{,}2\times 0{,}5 = 24$
$\{[2x-18]-2\}\times 0{,}6 = 24$
$(2x-20)\times 0{,}6 = 24$
$1{,}2x-12 = 24$
$1{,}2x = 24+12$
$1{,}2x = 36$

$$x = \frac{36}{1{,}2} = \frac{360}{12} = \frac{180}{6} = \frac{90}{3} = 30$$

En début d'année le prix du médicament était de **30 €**.

Proportionnalité

100 anciens Francs = 1 nouveau Franc. Il faut donc diviser par 100 pour passer de l'ancien Franc vers le nouveau Franc. Donc 1 500 000 anciens Francs = 15 000 nouveaux Francs.
On sait que 15 € = 100 F. Donc 15 000 Francs valent

100	15 000
15	x

$$\frac{15 \times 15000}{100} = 15\times 150 = 2250\ €$$

1 500 000 anciens Francs correspondraient aujourd'hui à **2 250 €**.

Volume

Soit x la hauteur du cône.
On sait que le cylindre mesure 8 cm, soit 1/3 de plus que le cône.
C'est-à-dire que : hauteur cône + 1/3 hauteur cône = hauteur cylindre
D'où :

$$x + \frac{1}{3}x = 8$$
$$\frac{3}{3}x + \frac{1}{3}x = 8$$
$$\frac{4}{3}x = 8$$
$$x = \frac{8}{\frac{4}{3}} = 8\times\frac{3}{4} = 6$$

La hauteur du cône est de 6 cm.

Volume du cylindre = $\pi \times r^2 \times h = \pi \times 1^2 \times 8 = 8\pi$

Volume du cône = $\frac{\pi\times r^2\times h}{3} = \frac{\pi\times 1^2\times 6}{3} = 2\pi$

Le volume du tube à essai est de $8\pi+2\pi = 10\pi$, soit environ **31,4 cm³**.

Équation

L'aire du plan de travail est côté × côté = 3×3= 9 m²
Or, le plan de travail fait la moitié de la surface de la pièce. Elle fait donc 9 × 2 = 18 m².
L'aire de la pièce rectangulaire est :
$Longueur \times largeur = x \times 2x = 18$

$$2x^2 = 18$$
$$x^2 = \frac{18}{2} = 9$$
$$x = \sqrt{9} = 3$$

La largeur de la pièce est de 3 mètres, sa longueur est donc de **6 mètres**.

Géométrie

Cette situation s'apparente au triangle ci-dessous avec AB = 10 :

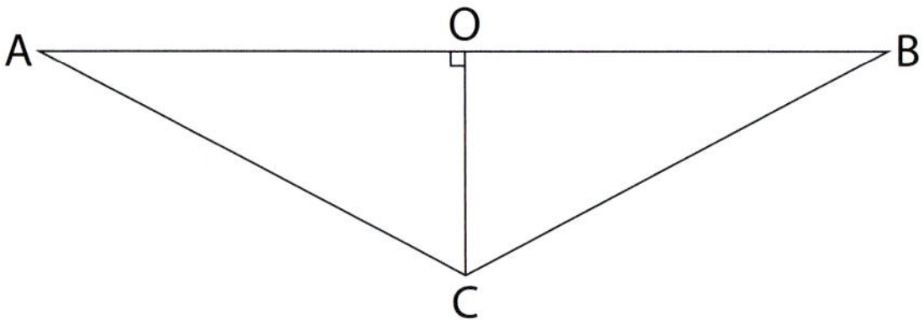

La question est : quelle doit être la longueur de la corde (AC + CB) pour qu'elle touche le sol ? C'est-à-dire que OC doit faire 2 mètres.

Dans le triangle AOC rectangle en O, d'après le théorème de Pythagore :

$$AC^2 = AO^2 + OC^2$$
$$AC^2 = 5^2 + 2^2$$
$$AC^2 = 25 + 4 = 29$$
$$AC = \sqrt{29} \approx 5{,}4$$

Pour que la corde touche le sol il faut qu'elle fasse environ **10,8 mètres**.

Combinaison

Il y a 26 possibilités de lettres et 10 possibilités de chiffres.
Le code est composé de 26 × 10 × 10 × 10 = 26 000 combinaisons.

Sachant qu'il faut 3 secondes par combinaison.
Il faudrait au maximum 26000 × 3 = 78 000 secondes,

soit $\frac{78000}{60} = \frac{7800}{6} = \frac{3900}{3} = 1300$

soit $\frac{1300}{60} = \frac{130}{6} = \frac{65}{3} = \frac{63+2}{3} = \frac{63}{3} + \frac{2}{3} = 21 + \frac{2}{3}$

soit 21 h et 2/3 d'heure,
soit **21 heures et 40 minutes**.

Vitesse / distance / temps

Rappel : $Vitesse = \frac{Distance}{Temps}$ et $Temps = \frac{Distance}{Vitesse}$

Le bus parcourt 12 km à 20 km/h.

Donc : $Temps = \frac{Distance}{Vitesse} = \frac{12}{20} = \frac{6}{10} = 0{,}6$ heure,

soit 0,6 × 60 = 36 minutes

Le métro parcourt 3 km à 60 km/h.

Donc : $Temps = \frac{Distance}{Vitesse} = \frac{3}{60} = \frac{1}{20}$ heure,

soit $\frac{1}{20}\times 60 = \frac{6}{2} = 3$ minutes

La somme des 3 transports fait 36 + 22 + 3 = 61 minutes.
Pour être à 8 h à l'hôpital, Kathy doit partir au plus tard à **6 h 59**.

Échelle

a. Une échelle de 1/500e signifie qu'une unité sur le plan correspond à 500 unités réelles.
Donc 1 cm représente 500 cm. L'hôpital faisant 20 cm, il mesure réellement 20 × 500 = 10 000 cm, soit **100 mètres**.
b. Une échelle de 6000/1e indique que la valeur est agrandie 6 000 fois.
Donc la bactérie ayant une taille de 0,0005 mm sera vue 6 000 plus grande au microscope.
D'où : 0,0005 × 6000 = **3 mm**.

Probabilité

a. Il y a 6 pantalons blancs sur un total de 12 pantalons.

Vous avez une probabilité de $\frac{6}{12} = \frac{\mathbf{1}}{\mathbf{2}}$ de choisir un pantalon blanc.

b. Il y a 6 blouses de couleurs (4 vertes et 2 bleues) sur un total de 12 blouses.
Vous avez une probabilité de $\frac{6}{12} = \frac{\mathbf{1}}{\mathbf{2}}$ de choisir une blouse de couleur.

c. Pour que votre tenue soit assortie, il vous faut choisir une blouse blanche et un pantalon blanc ou une blouse verte et un pantalon vert.
En mathématiques, le mot « et » vaut le signe « x » et le mot « ou » vaut le signe « + ».

D'où : $\frac{6}{12}\times\frac{6}{12}+\frac{4}{12}\times\frac{6}{12}=\frac{1}{2}\times\frac{1}{2}+\frac{1}{3}\times\frac{1}{2}=\frac{1}{4}+\frac{1}{6}=\frac{3}{12}+\frac{2}{12}=\frac{5}{12}$

Vous avez moins d'une chance sur 2 que votre tenue soit assortie.

Quantité de sucre

Il y a 8 % de sang dans un corps. Pour un adulte de 70 kg,

il y a $70 \times \frac{8}{100} = 7 \times \frac{8}{10} = \frac{56}{10} = 5{,}6$ litres de sang.

Sachant qu'il y a 0,8 g de sucre par litre de sang, dans 5,6 litres il y a :

1	5,6
0,8	x

$x = \frac{0{,}8 \times 5{,}6}{1} = 0{,}8 \times 5{,}6 = 4{,}48$ grammes

Or :
- un grain de sucre de 0,7 cg = 0,007 g
- un morceau de sucre de 0,05 hg = 5 g
- une boite de sucre de 8 000 dg = 800 g
- un sac de sucre de 600 dag = 6 000 g

La glycémie normale d'un adulte de 70 kg est d'environ **un morceau de sucre**.

Rondes

Dans la **chambre A**, l'infirmière passe à :
8 h • 8 h 08 • 8 h 16 • 8 h 24 • 8 h 32 • 8 h 40 • 8 h 48 • 8 h 56 • 9 h 04 • **9 h 12**...
Dans la **chambre B**, l'infirmière passe à :
8h • 8 h 18 • 8 h 36 • 8 h 54 • **9 h 12**...
Dans la **chambre C**, l'infirmière passe à :
8 h • 8 h 24 • 8 h 48 • **9 h 12**...

Bonne dose

Le patient doit prendre :
5 ml/jour/kg en 3 prises
Donc pour 60 kg, le patient doit prendre :
- 5 x 60 ml/jour/60 kg en 3 prises
- 300 ml/jour/60 kg en 3 prises

Par prise, le patient doit prendre :
- $\frac{300}{3}$ ml/jour/60 kg en 1 prise
- 100 ml/jour/60 kg en 1 prise

Une ampoule faisant 20 ml, il faut donner au patient

$\frac{100}{20} = \mathbf{5}$ ampoules par prise.

Grain de riz

5 000 grains et C

1 kg = 1 000 g.
Sachant qu'un grain fait 0,2 g, il y a dans un paquet :

$\frac{1000}{0{,}2} = \frac{10000}{2} = 5000$ grains

Un grain mesure 8 mm, donc 5 000 grains mesurent :
5000 × 8 = 40 000 mm, soit 40 mètres.

- La longueur d'une voiture de catégorie moyenne est de 4 mètres.
- La longueur d'un autocar est d'environ 10 mètres.
- La longueur d'un airbus A320 faisant, par exemple, la liaison Marseille – Paris est de 37 mètres.
- La longueur d'un wagon est approximativement de 20 m. Un TGV avec 10 wagons mesurerait plus de 200 mètres.

Mise en équation

Soit x l'âge de la mère.
La maman a eu son fils à 30 ans. Donc l'âge du fils est de $x - 30$.
Or, on sait que la somme de leurs âges fait 98.
D'où :

$x + x - 30 = 98$

$2x - 30 = 98$

$2x = 98 + 30$

$2x = 128$

$x = \frac{128}{2} = 64$

La mère a **64 ans**.

Volume

Dans cet exercice il n'est pas nécessaire de calculer la hauteur de l'eau avant que l'on plonge la boule. En effet, l'eau monte d'une hauteur équivalente au volume du solide plongé.
La formule du volume d'un parallélépipède est : $L \times l \times h$.
Dans notre cas, le volume du solide plongé est de 1,5 litre, soit 1,5 dm³, soit 1 500 cm³.

D'où : $L \times l \times h = 1500$
Or on sait que l'aire de la base de l'aquarium est de 1 500 cm².
Donc : $1500 \times h = 1500$

$h = \frac{1500}{1500} = 1$

L'eau monte de **1 cm**.

Si vous avez calculé la hauteur de l'eau avant que l'on plonge la boule, la correction devient alors la suivante.
La formule du volume d'un parallélépipède est :
$L \times l \times h$.

L'aire de la base de l'aquarium est de 1 500 cm² et son volume 10,5 litres, soit 10,5 dm³ = 10 500 cm³
D'où : $1500 \times h = 10\,500$

$h = \frac{10500}{1500} = \frac{105}{15} = \frac{21}{3} = 7$

On plonge une boule de 1,5 dm³, soit 1 500 cm³.
$1500 \times h = 10500 + 1500$
$1500 \times h = 12000$

$$h = \frac{12000}{1500} = \frac{120}{15} = \frac{24}{3} = 8$$

Dans l'aquarium l'eau monte de **8 – 7 = 1 cm**.

Système

Soit x le nombre de dossiers traités et y le nombre de dossiers à traiter.

$$\begin{cases} x + y = 208 \\ y - 26 = x + 26 \end{cases}$$

Méthode par substitution :

$$\begin{cases} x = 208 - y \\ y - 26 = 208 - y + 26 \end{cases}$$

$$\begin{cases} x = 208 - y \\ y + y = 208 + 26 + 26 \end{cases}$$

$$x = 208 - y$$
$$2y = 260$$

$$x = 208 - y$$
$$y = \frac{260}{2} = 130$$

En début de journée vous aviez **130 dossiers** à traiter.

PGCD

Comme tous les éléments doivent être utilisés et que l'on souhaite faire profiter le plus grand nombre possible de familles, on cherche le plus grand diviseur commun (PGCD) entre 720 et 400.

D'après la méthode des soustractions successives :
720 – 400 = 320
400 – 320 = 80
320 – 80 = 240
240 – 80 = 160
160 – 80 = 80
80 – 80 = 0

Le PGCD est le dernier résultat non nul, c'est-à-dire 80.
Au maximum **80 familles pourront bénéficier des lots**.

Dans chacun d'eux, il y aura : $\frac{720}{80} = \frac{72}{8} =$ **9 couches** et $\frac{400}{80} = \frac{40}{8} =$ **5 bouteilles de lait**.

Distribution proportionnelle

3 infirmiers de 20, 30 et 42 ans doivent se partager proportionnellement les 276 visites du jour.
À eux 3, ils ont 20 + 30 + 42 = 92 ans et se partagent 276 visites.
Le plus jeune aura :

92	20
184	x

$$x = \frac{184 \times 20}{92} = \frac{184 \times 10}{46} = \frac{92 \times 10}{23} = 4 \times 10 = \mathbf{40}$$

Le plus âgé aura :

92	42
184	x

$$x = \frac{184 \times 42}{92} = \frac{184 \times 21}{46} = \frac{92 \times 21}{23} = 4 \times 21 = \mathbf{84}$$

Le 3e infirmier aura 184 – 84 – 40 = **60 visites** à effectuer.

Concentration

2 ml

Dans la solution il y a 25 grammes (soit 25 000 mg) de glucose pour 1 litre (1 000 ml). Pour en obtenir 50 mg, il faut :

25 000	50
1 000	x

$$x = \frac{1000 \times 50}{25000} = \frac{50}{25} = \frac{10}{5} = 2$$

Pour avoir 50 mg de glucose **il faut prélever 2 ml** de la solution.

TVA

Un prix est composé comme suit : $HT + TVA = TTC$
Le montant de la Taxe sur la Valeur Ajoutée se calcule toujours à partir du montant Hors Taxe.
Pour ajouter 20 % au montant HT on doit le multiplier par 1,2.

D'où : $HT \times 1{,}2 = TTC$

$$HT = \frac{TTC}{1{,}2} = \frac{158{,}4}{1{,}2} = \frac{1584}{12} = \frac{792}{6} = \frac{396}{3} = 132$$

Le montant de la TVA est donc de 158,40 – 132 = **26,40 €**.

Débit

180 gouttes représentent 1 cl = 0,01 l = 0,01 dm^3

Pour passer 0,5 dm^3, il faudra :

0,01	0,5
180	x

$$x = \frac{180 \times 0{,}5}{0{,}01} = \frac{90}{\frac{1}{100}} = 90 \times 100 = 9\,000$$

Il faudra 9 000 gouttes pour passer 0,5 dm^3.

Sachant qu'il faut 1 minute pour passer 30 gouttes, pour en passer 9 000 il faut :

30	9 000
1	x

$$\frac{1 \times 9000}{30} = \frac{900}{3} = 300$$

Pour passer les 0,5 dm^3 il faudra 300 minutes, soit **5 heures.**

Organisation

La bataille navale

Chacun sa place

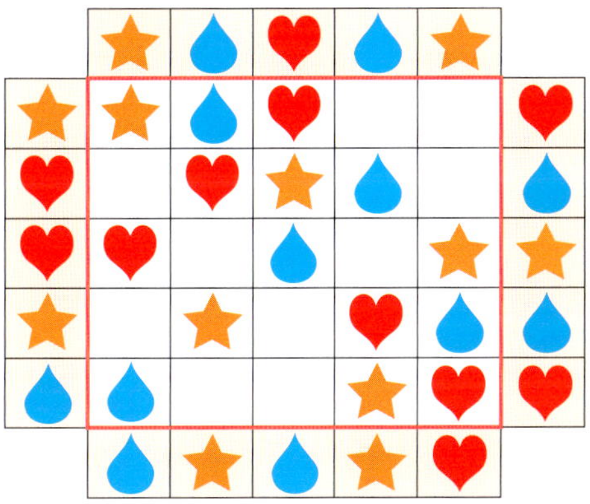

La préparation du bloc

« Vous apportez les gants juste avant… »
- Les gants ne peuvent donc pas être apportés en dernier.

« Vous apportez les gants juste… après les médicaments »
- Les gants ne peuvent pas être apportés en premier.

« … les gants juste avant les compresses… »
- Les compresses ne sont pas apportées en premier.

« … les gants… juste après les médicaments »
- Les médicaments ne sont pas apportés en dernier.

« Les scalpels sont apportés avant les seringues… »
- Les scalpels ne sont pas apportés en dernier et les seringues pas en premier.

De plus, le 1er indice indique que l'ordre est : médicament puis gants puis compresses, l'un immédiatement après l'autre.
La 3e information dit que les gants ne sont pas apportés en deuxième.

À ce stade nous pouvons émettre deux hypothèses concernant les médicaments, les gants et les compresses. Soit ils sont apportés en deuxième, troisième et quatrième ou bien en troisième, quatrième et cinquième.
Cependant, la seconde hypothèse n'est pas compatible avec le 2e indice, car les scalpels seraient alors apportés en premier et les seringues en deuxième.
On retient donc la première hypothèse. Ainsi les scalpels sont apportés en premier et les seringues en dernier.

	Scalpels	Compresses	Médicaments	Seringues	Gants
1er	x				
2e			x		
3e					x
4e		x			
5e				x	

Poupée

Pour vous aider à la résolution d'un tel exercice, vous pouvez construire ce type de tableau.

							Sur la tête					Couleur des yeux					Vètements					Accessoires				
		A	B	C	D	E	Barrette	Chouchou	Fleur	Nœud	Serre-tête	Bleu	gris	Marron	noir	Vert	Jupe	Pantalon	Robe	Salopette	tutu	Baguette magique	Biberon	Brosse à cheuveux	Stéthoscope	Sucette
noms	Amandine	x	o	x	x	x	x	x	o	x	x	x	o	x	x	x	o	x	x	x	x	x	o	x	x	x
	Aurélie	x	x	o	x	x	o	x	x	x	x	o	x	x	x	x	x	x	o	x	x	o	x	x	x	x
	Elodie	x	x	x	x	o	x	x	x	o	x	x	x	o	x	x	x	o	x	x	x	x	x	x	o	x
	Eloïse	o	x	x	x	x	x	o	x	x	x	x	x	x	x	o	x	x	x	x	o	x	x	x	x	o
	Violaine	x	x	x	o	x	x	x	x	x	o	x	x	x	o	x	x	x	x	o	x	x	x	o	x	x
Accessoires	Baguette Magique	x	x	o	x	x	o	x	x	x	x	o	x	x	x	x	x	x	o	x	x					
	Biberon	x	o	x	x	x	x	x	o	x	x	x	o	x	x	x	o	x	x	x	x					
	Brosse à cheveux	x	x	x	o	x	x	x	x	x	o	x	x	x	o	x	x	x	x	o	x					
	Stéthoscope	o	x	x	x	x	x	x	x	o	x	x	x	o	x	x	x	o	x	x	x					
	Sucette	x	x	x	x	o	x	o	x	x	x	x	x	x	x	o	x	x	x	x	o					
Vètements	Jupe	x	o	x	x	x	x	x	o	x	x	x	o	x	x	x										
	Pantalon	x	x	x	x	o	x	x	x	o	x	x	x	o	x	x										
	Robe	x	x	o	x	x	o	x	x	x	x	o	x	x	x	x										
	Salopette	x	x	x	o	x	x	x	x	x	o	x	x	x	o	x										
	Tutu	o	x	x	x	x	x	o	x	x	x	x	x	x	x	o										
Couleur des yeux	Bleu	x	x	o	x	x	o	x	x	x	x															
	Gris	x	o	x	x	x	x	x	o	x	x															
	Marron	x	x	x	x	o	x	x	x	o	x															
	Noir	x	x	x	o	x	x	x	x	x	o															
	Vert	o	x	x	x	x	x	o	x	x	x															
Sur la tête	Barrette	x	x	o	x	x																				
	Chouchou	o	x	x	x	x																				
	Fleur	x	o	x	x	x																				
	Nœuds	x	x	x	x	o																				
	Serre-tête	x	x	x	o	x																				

		Sur la tête	Couleur des yeux	Vêtements	Accessoires
A	Eloïse	Chouchou	Vert	Tutu	Sucette
B	Amandine	Fleurs	Gris	Jupe	Biberon
C	Aurélie	Barrette	Bleu	Robe	Baguette magique
D	Violaine	Serre-tête	Noir	Salopette	Brosse à cheveux
E	Elodie	Nœud	Marron	Pantalon	Stéthoscope

À chaque ville son centre médical

	2	3	1	1	3	1	2	3	0	4
3		CM			CM			CM		
1										CM
1							CM			
2		CM			CM					
1										CM
2	CM						CM			
3			CM					CM		CM
2	CM				CM					
3				CM				CM		CM
2		CM				CM				

Services à la personne

A) Réduction d'impôts : 1 750 €, crédit d'impôts 0 €.
M. et Mme Stingray ont employé un informaticien au titre de l'assistance informatique pour un montant de 3 500 €. Ils vont pouvoir bénéficier d'une déduction fiscale de 50 % de cette somme, soit 1 750 €. Comme ils paient 3 000 € d'impôts, l'intégralité des 1 750 € sera de la réduction d'impôts.
B) Réduction d'impôts : 0 €, crédit d'impôts 0 €.
M. et Mme Durval sont non imposables, par conséquent ils ne peuvent pas prétendre à de la réduction d'impôts. De plus, M. et Mme Durval sont retraités, par conséquent ils ne peuvent pas prétendre à du crédit d'impôts.
C) Réduction d'impôts : 7 500 €, crédit d'impôts 0 €.
M. et Mme Penalty ont un assistant au ménage à 700 € mensuel, soit 8 400 € annuel. Cette activité n'étant pas plafonnée, ils récupéreront 50 % de cette somme, soit 4 200 €.
Ils ont recours à un jardinier à 400 € mensuel, soit 4800 € annuel. Ils récupéreront donc 2 400 €. De plus ils récupéreront 1 500 € pour l'assistance informatique et 2 000 € pour l'assistance aux personnes âgées, soit un total de 4200 + 2400 + 1500 +2000 = 10 100 €.
Dans la mesure où M. et Mme Penalty sont retraités et sans emploi, ils ne peuvent bénéficier du crédit d'impôts. Donc l'intégralité des 10 100 € seront de la réduction d'impôts. Cependant le montant total des dépenses annuel est plafonnée à 12 000 €, plus 1 500 € par enfant, limité à 15 000 €. Il n'est donc pas possible de prétendre à une réduction/crédit d'impôts supérieur à 50 % de 150 000 €, soit 7 500 €. Comme M. et Mme Penalty paient 9 000 € d'impôts, ils vont donc pouvoir bénéficier de 7 500 € de réduction d'impôts sur les 10 100 € auxquels ils auraient pu prétendre.
D) Réduction d'impôts : 5 000 €, crédit d'impôts 2 250 €.
Deux des enfants de Mme Jacot ont reçu 1 000 € de soutien scolaire, soit 2 000 €. 50 % de cette somme donnera droit à un avoir fiscal, soit 1 000 €. Le 3e enfant a coûté 7 000 € en garde. Mme Jacot récupérera 3 500 €. Mme Jacot a employé un jardiner pour 10 000 €. Or, l'activité petit jardinage est plafonnée à 5 000 € par an, elle ne récupérera que 2 500 €. Enfin, sur les 2 000 € de facture de bricolage elle ne bénéficiera que de 250 € d'avoir fiscal puisque l'activité bricolage est plafonnée à 500 €. Au total, Mme Jacot a droit à 1000 + 3500 + 2500 + 250 = 7 250 €.
Or Mme Jacot ne paie que 5 000 € d'impôts. Elle bénéficiera donc de 5 000 € de réduction d'impôts et le reste (soit 2 250 €) fera l'objet d'un crédit d'impôt dont elle a droit puisqu'elle exerce une activité.

Domino inconnu

La suite de dominos présente deux suites alternées, un ajout de 2 puis un ajout de 3.

La bonne combinaison

La suite de dominos est positionnée sous la forme de quatre triplets. Dans chaque triplet, le domino du milieu est le résultat de la somme des valeurs supérieures et inférieures.

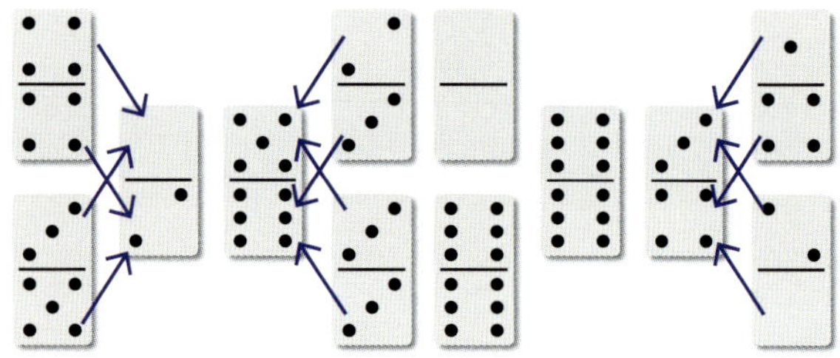

Cercle complet

Tous les dominos présentent leurs inverses, sauf le 6-5 pour lequel il manque son inverse.

Belote...

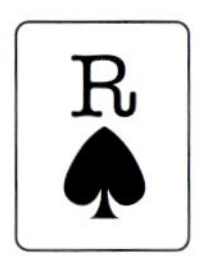

On passe d'une carte à la suivante en ajoutant 4. Les couleurs suivent un cycle cœur, trèfle, carreau, pique…

...Et rebelote

Cette organisation intègre une symétrie numérique. La première carte a la même valeur que la dernière, la 2e que l'avant-dernière, la 3e avec l'antépénultième… La carte à trouver doit donc avoir la valeur 7. Concernant les couleurs, il y 4 cœurs, 3 piques et 2 carreaux. On complétera la logique avec 1 trèfle.

Juste milieu

L'addition des deux trèfles aux extrémités (4 + 9) fait 13. *Idem* pour les deux carreaux suivants (Valet, qui est la 11e carte + 2), les deux cœurs (10 + 3) et pour les deux piques (dame, qui est la 12e carte + 1). C'est pour cela que parmi les propositions on choisit le roi qui est la 13e carte. En revanche, il n'y a pas de logique qui lie les couleurs.

Mastermind

(0) (3) (8) (1)

Si l'on compare la première et la troisième ligne, le 6 ne peut pas être à la fois bien placé en 3e position dans la première ligne et mal placé à la même position dans la troisième ligne. Le 6 ne fera pas parti de la solution.
Si l'on compare la première ligne avec la quatrième, le 4 ne peut pas être à la fois bien placé en 1re position dans

la première ligne et bien placé en 2ᵉ position dans la quatrième ligne. Le 4 ne fait pas parti de la solution.
D'après la troisième ligne on sait que le 8 et le 0 feront partis de la solution. La quatrième ligne indique que le 8 est en 3ᵉ position. Le 5 et le 7 ne sont donc pas solution. Dans la deuxième ligne il ne reste que le 3 et le 1 qui seront dans la solution. Le 1 ne peut pas être le chiffre bien placé en 3ᵉ puisqu'il y a déjà le 8. C'est donc le 3 qui est en 2ᵉ position dans la solution. Dans la première ligne le 9 ne peut pas être le chiffre bien placé. Le 1 est en 4ᵉ position de la solution. Ne reste plus que le 0 à positionner en 1ᵉʳ.

Toujours plus dur

(B) (A) (D) (E) (C)

Dès la première ligne on constate que toutes les lettres font parties de la solution.
En comparant la première, la troisième et la cinquième ligne, on sait qu'en 1ʳᵉ position il ne peut pas y avoir le A, le D et le C. Seules B et E peuvent être à la première position. Avec le même raisonnement on détermine qu'en 2ᵉ position il ne peut avoir que A et C, en 3ᵉ A et D, en 4ᵉ B et E, en 5ᵉ C et D. Avec ces éléments on ne peut former que 4 solutions possibles : BADEC, BCAED, EADBC et ECABD. Rappelons que dans un mastermind il ne peut y avoir deux fois le même élément dans la solution.
Comparons maintenant les 4 solutions possibles avec la deuxième et la quatrième ligne.

- BADEC fonctionne avec les 2 lignes.
- BCAED fonctionne avec la deuxième ligne mais pas avec la quatrième.
- EADBC ne fonctionne ni avec la deuxième ni avec la quatrième ligne.
- ECABD fonctionne avec la quatrième ligne mais pas avec la deuxième.

Ca tourne en rond

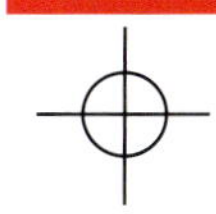

Dans la première ligne, la case de gauche contient un trait de couleur bleu symbolisant le trait initial. Horizontalement, celui-ci effectue une rotation de 90° dans le sens des aiguilles d'une montre. De plus, le trait initial est agrandi de case en case (traits rouges).
La logique est appliquée dans les deuxième et troisième lignes.
En colonne on constate que le trait bleu effectue aussi une rotation de 90° horaire, mais il y a en plus l'ajout d'un nouveau trait (le vert, puis le jaune) et toujours l'agrandissement en rouge.

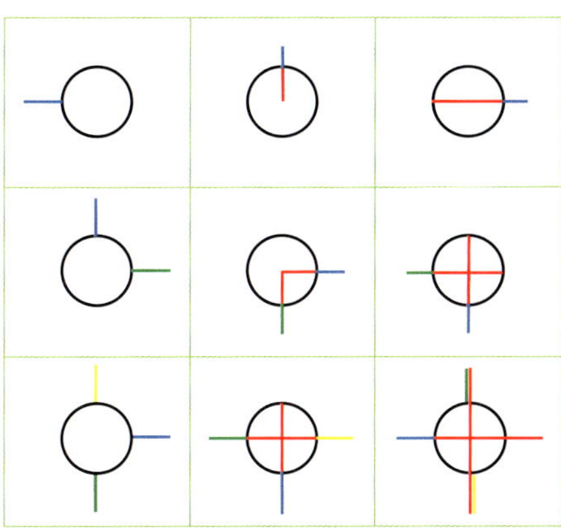

Carellé

Le carré magique inclut des cases noires et des cases grises. Quand les deux couleurs sont sur les mêmes cases, seul le noir apparaît. En ligne, les cases noires effectuent une rotation dans le sens des aiguilles d'une montre, et en colonne une rotation dans le sens inverse des aiguilles d'une montre. En ligne les cases grises effectuent une rotation dans le sens inverse des aiguilles d'une montre, et en colonne une rotation dans le sens des aiguilles d'une montre.
Pour aider à la compréhension, ci-dessous le carré logique où sont hachurées les cases où le noir et le gris sont superposés.

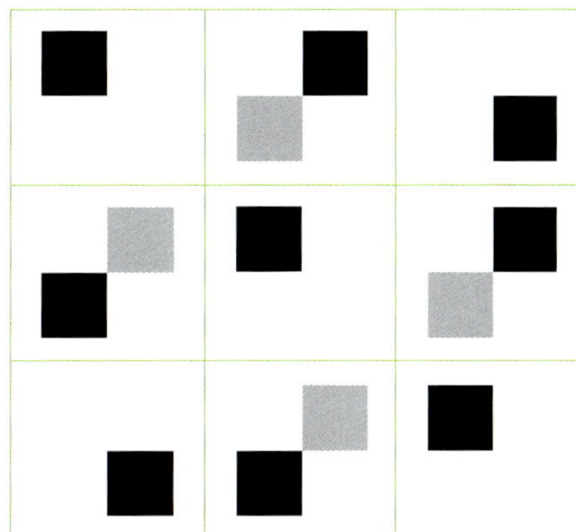

Équilibre sphérique

7
Pour chaque cercle, le chiffre du centre est le résultat de la somme du chiffre du haut, de droite et de gauche moins celui du bas. D'où pour le dernier : 1 + 3 + 5 – 2 = 7.

Bon pliage

b.

Orientation maritime

D5

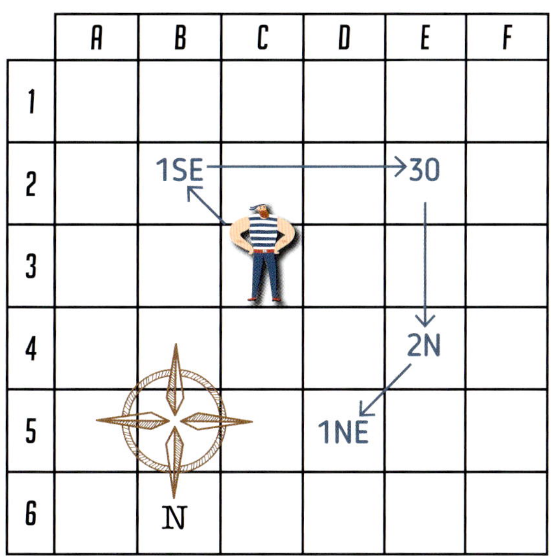

Déduction logique

a.
Les traits correspondent aux diagonales des figures.

Géométrie variable

9
Chaque symbole s'apparente à un chiffre.

1	2	3
4	5	6
7	8	9

$1+2=3$
$1+6=7$
$9-6=3$
$4+5=9$

Puzzle

b.

À la queue leu leu

248
Chaque nombre est le résultat du double du précédent plus 1, puis plus 2, plus 3…
2 (2 x 2 + 1) 5 (5 x 2 + 2) 12 (12 x 2 + 3) 27 (27 x 2 + 4) 58 (58 x 2 + 5) 121 (121 x 2 + 6) = 248

Perdu en route

64
Chaque nombre est une puissance de 3.
1 (1 x 1 x 1) 8 (2 x 2 x 2) 27 (3 x 3 x 3) 64 (4 x 4 x 4) 125 (5 x 5 x 5) 216 (6 x 6 x 6) 343 (7 x 7 x 7)

Quel est l'intrus ?

b : 12 – 4
Dans tous les autres doublets, le second nombre est le résultat du produit des deux chiffres du premier nombre.
Ex : 38 => 3 x 8 = 24

Patrons

a. et b.
Si on compare les deux dés présentés, on remarque que le 3 est dans la même position, le 2 et le 4 sont donc sur des faces opposées, de même pour le 6 et le 1 et donc pour le 3 et le 5.
Le A correspond au dé.
Le B correspond au dé.
Le C n'est pas le patron d'un cube, il ne peut donc pas être solution.
Le D ne correspond pas au dé, car lorsqu'on replie le patron, le 3 se retrouve opposé au 4, le 2 au 6 et le 1 au 5.
Le E ne correspond pas au dé, si on replie le patron en positionnant le 1 devant et le 3 en haut, le 2 et le 6 seraient bien positionnés mais mal orientés.

Code secret

5 10 11 7 16
Chaque lettre est remplacée par son rang dans l'alphabet plus 2.

Rapports codés

O6R
On passe de D6F à G11Z en ajoutant 3 à la première lettre, 5 au chiffre et en soustrayant 6 à la seconde lettre.
En suivant la même logique, L1X devient O6R.

Compléter

c : Antibiotiques
Il existe un lien entre les 2 premiers mots qu'il faudra reproduire sur les 2 autres.
Par exemple : le poison est combattu par l'antidote, la bactérie est combattue par les antibiotiques.

Observation

Que s'est-il passé ?

1 : a • 2 : d • 3 : b • 4 : a • 5 : c

Jusqu'où irons-nous ?

1 : b • 2 : d • 3 : b • 4 : c • 5 : a

Plus fort que Sherlock Holmes ?

e.
Tous les dessins sont superposables sauf le E.

Énigme cachée

Le travail c'est la santé

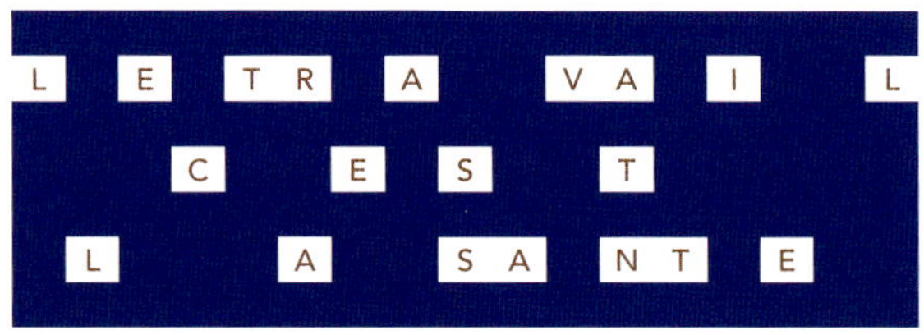

Déchiffrer les hiéroglyphes

Seul le dessin en gris, ci-dessous, n'est présent qu'une fois.

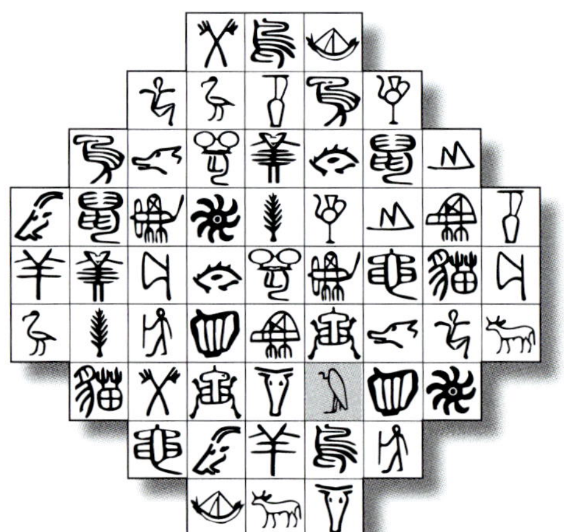

Vaincre l'illusion

26 carrés

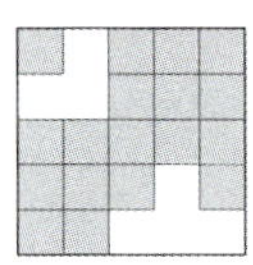

Il y a 18 carrés de côté 1.

Il y a 7 carrés de côté 2.

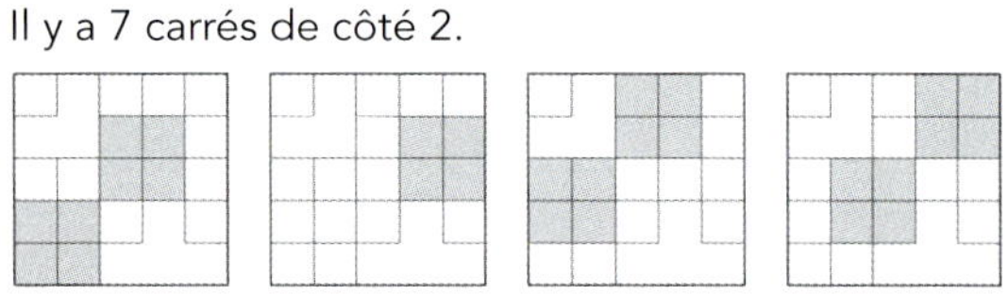

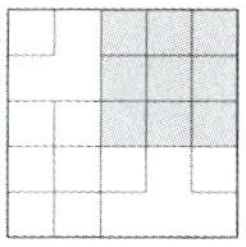

Il y a 1 carré de côté 3.

Aptitudes verbales

Étiquettes

1 : c • 2 : d • 3 : a • 4 : c • 5 : a

Épinglons encore

1 : d • 2 : d • 3 : b • 4 : c • 5 : a

Testez votre orthographe

1) c : ...Quant à...
« Quand » exprime une notion de temps.
« Quant » souvent suivi de « à » signifie : en ce qui me concerne.

2) c : ...Chasse-neige...
La neige n'est pas quantifiable, ce sont des chasse la neige.

3) b : ...Orchidées...
À noter qu'orange ne prend pas le pluriel car il représente autre chose qu'une couleur (comme par exemple : paille, kaki, noisette, marron...).
À noter que rose et jaune peuvent ne pas prendre la marque du pluriel : cela signifie que chaque orchidée est composée de rose et de jaune. Si ces mots étaient écrits au pluriel celui signifierait qu'il y a des orchidées roses et des orchidées jaunes.
À noter que lorsqu'une couleur est nuancée par un adjectif (ici vif), alors ils ne prennent pas la marque du pluriel, on considère que les coquelicots sont d'un rouge qui est vif.

4) b : ...mille...
Mille est invariable il ne prend jamais la marque du pluriel.

5) c : ...malgré...
Malgré ne doit jamais être suivi de « que ». La phrase correcte serait par exemple : ...malgré les moins cinq degrés...

6) e
À noter l'absence de « S » à travaille. À l'impératif il n'y a pas de « S » pour les verbes du premier groupe.
À noter l'absence de « S » à mettrai. Il n'y a pas de « S » pour la première personne du singulier au futur.

7) c : ... cueillies...
Le COD (les pommes) est placé avant le verbe (cueillir), il faut accorder en genre et en nombre le verbe avec le COD.

8) c : ...navigant...
Ne pas confondre navigant (sans le U) qui est un adjectif, avec naviguant (avec le U) qui est un participe présent (en naviguant).

9) b : ...prodige...
Ne pas confondre les paronymes prodigue et prodige. Prodigue qualifie une personne dépensière qui dilapide son argent, alors que prodige qualifie une personne ou un évènement qui sort de l'ordinaire.

10) d : ...colorée.
Qu'il s'agisse d'une icône informatique, d'une icône de la mode ou d'une icône religieuse, le mot est toujours féminin.

«Les mots sont des nains, les exemples des géants.»

1 : b • 2 : c • 3 : a • 4 : c • 5 : d

Qu'avez-vous retenu du dictionnaire ?

1 : c • 2 : a • 3 : b • 4 : c • 5 : d

Compréhension verbale

1) d.
L'affirmation A est possible, le client a acheté pour 250 € de marchandise, soit un montant supérieur aux 200 € imposés par l'enseigne, et bien que cela ne soit dit contrairement, il se peut qu'il ait acheté 1 000 clous et qu'il reçoive le bon d'achat de 10 €.
L'affirmation B est possible. Selon la promotion, tout client qui achète au moins 100 clous reçoit un bon d'achat de 10 €, et non un tournevis.
L'affirmation C est possible, bien que le client dépasse les valeurs minimales de vis et de clous pour recevoir les cadeaux, il n'atteint pas le montant total minimal de 200 € imposé par l'enseigne de bricolage.
L'affirmation D n'est pas possible, le client n'a acheté que 100 clous sur les 1 000 imposés. Donc quel que soit le montant total de ses achats et le nombre de vis achetées, il ne doit pas recevoir le bon d'achat de 10 €.

2) c : 5
- Le moyen de transport le moins cher
- Frais de réparation et entretien demeurent moindres
- Moyen de transport rapide
- Supprime les problèmes de stationnement
- La bicyclette est bonne pour la santé

3) c : Ode au vélo

4) b : ambigu

5) d : Frais

6) d : Métaphore

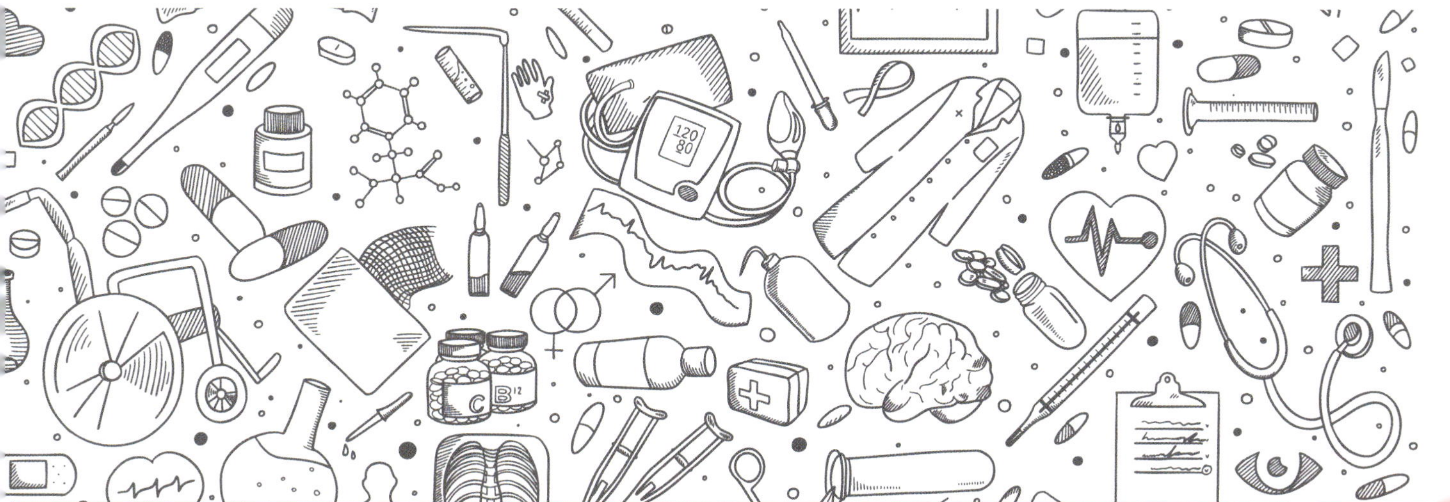

Retrouvez nos ouvrages

Commandez-les sur le site
▸ **librairie.studyrama.com**

Bréal

Composition : **Stéphane Mac Donald**
Édition : **Deborah Lopez**
Imprimé en France en mars 2018 :
par l'imprimerie Sepec – 01960 Péronnas
ISBN : 978-2-7495-3761-0

PEFC
10-31-1470
Certifié PEFC
Ce produit est issu de forêts gérées durablement et de sources contrôlées.
pefc-france.org